优秀源自改变

何振 著

青岛出版集团 | 青岛出版社

图书在版编目（CIP）数据

优秀源自改变 / 何振著 . — 青岛 : 青岛出版社，
2023.1

ISBN 978-7-5736-0582-5

Ⅰ.①优… Ⅱ.①何… Ⅲ.①中小学生 – 家庭教育
Ⅳ.① G782

中国版本图书馆 CIP 数据核字（2022）第 215490 号

	YOUXIU YUANZI GAIBIAN	
书　　名	优秀源自改变	
著　　者	何　振	
出版发行	青岛出版社	
社　　址	青岛市崂山区海尔路 182 号（266061）	
本社网址	http://www.qdpub.com	
邮购电话	0532-68068091	
策划编辑	尹红侠	
责任编辑	赵慧慧	
封面设计	祝玉华	
照　　排	青岛乐喜力科技发展有限公司	
印　　刷	青岛北琪精密制造有限公司	
出版日期	2023 年 1 月第 1 版　2023 年 1 月第 1 次印刷	
开　　本	16 开（710mm × 1000mm）	
印　　张	14	
字　　数	150 千	
印　　数	1-6000	
书　　号	ISBN 978-7-5736-0582-5	
定　　价	49.80 元	

编校印装质量、盗版监督服务电话：4006532017　0532-68068050

序言

二十一年，在人生的岁月里，是一段不短的时光。

二十一年来，我先后应邀为全国几百所学校授课，并担任多所学校的学法指导顾问。

二十一年来，因为对孩子和教育的热爱，我一直专注于家庭教育与学习方法的研究。从教育自己的孩子开始，从读书到实践，从写作到讲学，从短视频到线上直播，我积累了丰富的家庭教育实践经验。在这里，我最想对家长说三句话。

第一句话："孩子的优秀源自父母的改变。"想要靠自己的言行影响孩子，想要教育出优秀的孩子，父母需要不断地改变，以便适应不断成长的孩子。教育孩子不需要多么高深的学问，只要父母遵循正确的教育理念与方法。

第二句话："让孩子保持良好的情绪状态。"研究发现，拥有良好情绪的孩子，更愿意学习，做事情的积极性更高，智力发展水平也相对较高。不仅如此，良好的情绪有助于身体健康。健康的身体是学习的重要保障。对于一些学习成绩比较差的孩子，我始终坚持让他们拥有良好的情绪状态，发自内心地欣赏他们的优点，教他们高效的学习方法。

第三句话："引导孩子合理使用电子产品。"身处互联网时代，孩子们不可避免地会接触各类电子产品。电子产品就像一把双刃剑。一方面，电子产品让我们更高效、更便捷地获取信息，开阔我们的视野。另一方面，长期使用电子产品会导致视力下降，影响大脑发育，危害身体健康。家长与其思考怎样禁止孩子使用电子产品，不如思考如何引导孩子合理使用电子产品。

不管家长愿不愿意，有没有准备好，家庭教育都是家长不能回避的问题。既然不能回避，家长只有学着去面对。家长在学习家庭教育方法时，应该先从哪儿开始呢？家长可以通过阅读家教书掌握理论知识，并在教育孩子的过程中反思自己的行为。家长在看家教书时不要求快和贪多，先读自己最认可的一本书，重点阅读书中的某一段内容，然后去实践，去思考，去悟。我买过很多家教书，每个作者都写得很有道理。只要看到有用的内容，我就反复看（对于一些书，我看过不下 20 遍），边看边思考。实践过后，我又会思考和总结，然后再去实践。我就是通过学习—实践—思考—再去实践的步骤成长起来的，从对家庭教育一无所知开始，直到形成自己独特的教育思想。

如果你问我教育孩子有什么秘诀的话，那我的秘诀就是六个字：多想、少说、少做。让"多想、少说和少做"成为家庭教育的秘诀。如果家长能遵循这六个字的秘诀来教育孩子，很多问题就能迎刃而解。谁能用好这六个字，谁就能取得家庭教育的成功。孩子需要家长的引导。谨以"至乐无如读书，至要莫如教子"与大家共勉。

何振

2022 年 10 月

Contents 目录

第五章　行为篇

第六章　沟通篇

01

第一章

教育理念与方法篇

家长在教育孩子时，要明白该教给孩子什么，这比什么都重要。本章内容可以帮助那些看了很多家教书却依然不会教育孩子的家长。

理念为本，方法为纲。理念可以让家长明确方向，方法可以让家长少走弯路。

家长掌握了正确的家庭教育理念，就能找到正确的家教方法。一些急于求成的家长往往不愿意静下心来学习稍显枯燥的家庭教育理念，急得像热锅上的蚂蚁，往往找不到出路。

因为我在教育孩子的过程中，清楚地知道哪些事可以做、哪些事不可以做，所以我少走了许多弯路，也节省了大量的时间和金钱。

第一节
优秀人才应该具备的三种素质

优秀人才应该具备以下三种素质：

一、良好的行为习惯

让孩子养成良好的行为习惯，是家庭教育的首要培养目标。行为习惯能够影响一个人的一生，改变一个人的命运。拥有良好行为习惯的人，不仅能够促进自身的成长，还能潜移默化地影响他人。我们之所以常说父母是孩子的第一任老师，就是因为父母的言行会直接影响孩子的言谈举止。孩子天生的模仿能力强，不管是好的行为，还是不好的行为，他都会去模仿。所以，孩子需要父母的引导。

1. 言传身教，认知良好的行为习惯

教育以德育为首。知、情、行、意是德育的四个层次，而"知"是"行"的先导。对于任何一种道德现象，孩子只有充分了解后，才能内化为

情感和思想，外化为行为和习惯。孩子从小就应该明白什么事可为、什么事不可为。

2. 有良好的独立自理能力

自己的事情自己做，这是培养自信和走向独立的路径。一个什么事都不会干的孩子很难拥有真正的自信，也很难成为一个独立的人。试想一下：一个连自己的事情都不会做或不愿意做的人，能够适应社会吗，能够成为国家和社会需要的人才吗？一个不能独立完成艰苦工作的人，能够成就一番事业吗？

3. 拥有良好的人际关系

人际关系是指人们在交往过程中所结成的心理关系、心理上的距离。良好的人际关系能使人心境平和、乐观积极，从而保持良好的精神状态。无论在任何时候，人和人之间都需要沟通交流。人与人之间的交往从出生的那一刻就开始了。最初，孩子与他人之间的交往是无意识的。随着年龄的增长，无意识的交往会慢慢变成有意识的交往，孩子会主动交朋友。父母要学会引导孩子交朋友，让孩子学会一些社交技能，不要替孩子筛选朋友。

4. 讲文明、讲礼貌、讲卫生、讲纪律

孩子在日常生活和学习中要养成良好的生活习惯，要遵守公共秩序。不要小看这些日常的行为，有时候这些日常的行为会对孩子的一生产生影响。我在学校做讲座的过程中发现，区区一件小事就能让孩子的命运发生改变。

前几年，我应某市教育局的邀请，前往该市的一些学校进行家庭教育巡回讲座。其间，我在某校长室休息的时候，一位初二学生的父

亲来到校长室，请求校长想办法挽救他的儿子。事情的起因很简单：刚上初一时，这个学生住校，父母在上海做生意，学习成绩还处在上游，也喜欢上学。上初二以后，这个学生因为不认真听课，上课讲话，影响了课堂纪律，所以被老师点名批评。就是从那天开始，这个学生屡次与老师作对。随着时间的推移，这个学生的学习成绩迅速下降，还经常惹是生非，和其他同学的关系也越来越差，回到家里后不言不语，甚至拒绝去上学。这个学生的父亲多次去学校，他说："我没什么别的要求，只希望儿子能回到学校，别学坏。我不指望他能提高学习成绩，我就这么一个儿子……"

说着说着，这位大型企业的董事长，这位身材魁梧的父亲，忍不住悲痛，在校长面前泪流满面……

这个学生就因为不守纪律，悄然改变了自己的命运。尽管过去了很多年，这件事还一直深深地烙印在我心里。很多家长之所以体会不到那种痛苦的感受，只是因为孩子还没走到那一步。

二、良好的心理素质

孩子的心理承受能力强，扭转消极情绪快，能经得起挫折与打击，是心理素质好的表现。良好的心理素质是高情商的重要组成部分。一个心理健康的人能够快乐地活着，并有益于社会。笔者认为心理健康的人有两大特征：一是不伤害他人；二是不伤害自己。

一些家长总是处处保护孩子，过分满足孩子的要求，导致孩子经不起一点儿挫折，经不起风吹雨打，经不起社会的考验，心理越来越脆弱。

我们还应该注意那些学习拔尖、心理素质差的孩子。这类孩子总是受到老师或家长的表扬，即使犯了错误，也很少受到老师或家长的批评。在这样的环境中，这类孩子的心理往往比较脆弱，容易控制不住自己的情绪，承受不了打击，甚至容易产生轻生的念头。

积极向上的生活态度是人生获得成功的必要条件之一。面对挫折，你可以号啕大哭、自怨自艾、一蹶不振，也可以卧薪尝胆、积蓄力量、东山再起。"有志者事竟成，破釜沉舟，百二秦关终属楚；苦心人天不负，卧薪尝胆，三千越甲可吞吴。"

春秋时期，越王勾践被吴王夫差打败后，力图雪耻，为了激励自己，在屋内悬一苦胆，坐卧都要尝尝，不忘受辱之苦。越王勾践在睡觉时不用床铺和被褥，睡在柴草上面，不忘亡国之痛。经过这样多年的磨砺，越王勾践终于使越国强盛起来，从而打败了吴国。新东方总裁俞敏洪参加了三次高考后才金榜题名。在创业发展过程中，俞敏洪几次濒临失败，都坚强地挺过来了。面对后退无路的现实，俞敏洪有希望、有追求，更有坚持到底的心态。未曾清贫难成人，不经打击老天真。自古英雄出炼狱，从来富贵入凡尘。一帆风顺者，很难成才。

三、较高的知识文化水平

知识就是生产力，知识能改变命运。一个人会读书、会考试并不意味着他有较高的知识文化水平。有文凭不等于有知识，有知识不等于有文化，有文化不等于有智慧，有智慧不等于有素质。

动手又动脑，聪明又能干。家长在教育孩子时，应着眼于"聪明、能干"四个字，让孩子学会自己的事情自己做，不依赖他人，学会独立解决各种突发问题，勇敢面对困难。

　　一些忽视孩子独立自理能力培养的家长，会收获"恶果"。随着孩子的年龄增长，大家会发现一个事实：那些既不会干事，又不会读书的孩子，容易有两种结果。一种结果是孩子缺乏自信，变得自卑，不擅长与人交往。另一种结果是孩子容易学坏，惹是生非，慢慢变成问题孩子。

第二节
想要孩子成才，家长需要做好三件事

想要孩子成才，家长需要做好哪三件事呢？

第一，让孩子养成勤于动手的习惯

手是孩子感知外部世界的器官。孩子通过做手工、做家务等方式获得各种信息，提高记忆力和思维力等。作为家长的我们，应该教会孩子动手，为孩子树立勤于动手的好榜样。一个勤于动手、敢于实践的人，成功的概率就会比较高。

第二，让孩子养成热爱阅读的习惯

笔者认为：教育的目的不是让每个孩子都考上名校，也不是让每个孩子都成为科学家。教育的根本目的是培养一个人终生阅读求知的习惯。培养孩子终生阅读的习惯，远比让孩子考高分更重要。所以，家长要想办法让孩子爱上阅读。家长可以给孩子创造一个良好的阅读环境，让孩子在潜移默化中爱上阅读。家长要给孩子提供不同种类的图书，多给孩子提供接触不同种类图书的机会，让孩子找到自己感兴趣的图书。同时，家长也要放下手机，陪孩子一起读书，慢慢培养孩子的阅读习惯。

第三，让孩子身心健康

身心健康是指身体和心理都健康。身体健康是一切的根本。一个身体健康的人能够走得快、食得快、便得快、睡得快，身体抵抗力强，能够很快地适应恶劣的外部环境。一个心理健康的人能够克服各种挫折，能够较快地调节自己的消极情绪，并能够理解他人的感受，有积极的生活态度。

第三节
教育有"四悟"

教育是一个实践性很强的活动，尤其是家庭教育。家庭教育是培养人的过程。如果家长生搬硬套，总是套用别人教育孩子的方法来教育自己的孩子，那是很难行得通的。因为人有个体差异，适合别人家孩子的教育方法不一定适合你的孩子。这也是一些家长看了很多家教书却依然不会教育孩子的原因。

教育也是一个对悟性要求较高的活动。如果将家庭教育浓缩为一个字，那就是一个"悟"字。"悟"是学习家庭教育的门径。悟教育规律，悟教育原理，悟自己的孩子，悟教育方法。家长要在教育孩子的过程中不断修正自己的思想和行为。

家长要将教育理念和教育实践相结合。从实践中悟，悟懂了再去实践。家长只有悟懂了、悟通了，才能真正懂得怎么教育自己的孩子。一些家长在教育孩子时只动嘴（抱怨孩子，骂孩子，说教），喜动手（包办代替，打孩子），很少动脑去真正思考。"悟"能让家长学会动脑和加速成长。

教育有"四悟"，分为以下四步：

第一步：领悟

"领悟"就是指家长懂得什么是家庭教育，知道家庭教育对孩子的重要性。这一步是明确家庭教育的概念。只有在明确概念的基础上，家长才能重视家庭教育，才能自我学习并寻求改变，才能对孩子进行有意识的家庭教育。

第二步：醒悟

"醒悟"是指家长反思自己的教育行为。到了"醒悟"这一步时，家长就开始走上"悟"的道路。一个人只有学会了反思，思想才能慢慢地走向成熟。

第三步：觉悟

"觉悟"是指家长知道什么是对的，也知道什么是错的。家长只有醒悟了，才能觉悟。到了"觉悟"这一步时，家长就能知道自己在教育孩子的过程中哪些方面做得好，哪些方面做错了，哪些可为，哪些不可为，哪些教育行为要继续保持，哪些教育行为应该被纠正。"觉悟"是非常重要的一步。家长只有觉悟了，才能顺利地进入第四步的"顿悟"。

第四步：顿悟

"顿悟"是指家长终于知道怎么做了，会做了。家长顿悟了，就"悟道"了。这种"悟",一是指悟懂了孩子的所思、所想、所为;二是指悟通了教育的原理与方法。许多的家庭教育问题在家长顿悟后就能迎刃而解。面对孩子的问题,顿悟后的家长能够找到解决问题的方法,做到"手中无书,心中有书,无书胜有书",并且在"悟道"和教育孩子的过程中积累经验,形成自己独特的教育思想。

一些家长的家庭教育意识较强,看了很多书,听了很多专家的课,感觉书上写的内容和专家讲的内容都很好,都很有道理,也了解了很多的教育原理,可是在教育孩子时迷茫了,不知道该听谁的。为什么会出现这种情况呢?因为这些家长没有悟懂自己的孩子,也没搞清楚自己的教育行为是对还是错,更没悟懂教育的原理与方法。

家长不要老盯着具体的教育方法,不能生搬硬套,而要学这些教育方法背后的理念,这一点比什么都重要。

很多家长通过用心看书和听专家讲座,能够做到"领悟"。然而,一些家长容易卡在第二步的"醒悟"和第三步的"觉悟"中,走不到第四步的"顿悟"。要解决这个问题,家长需要精读家教书,模仿书中的做法去实践,实践后总结教育心得,再带着自己的感悟重新看家教书。

先读自己最认可的一本家教书,重点阅读书中的某一段内容,然后去实践,去思考,去悟。我买过很多家教书,每个作者都写得很有道理。只要看到有用的内容,我就反复看(对于一些书,我看过不下20遍),边看边思考,接着就开始实践。实践过后,我又会思考和总结,然后再去实践。我就是通过学习—实践—思考—再去实践的步骤成长起来的,从对家庭教育一无所知开始,直到形成自己独特的教育思想。

　　"悟"是一个"想了做，做了想"的过程。家长不去做，不能在实践中解决孩子的问题，懂再多的教育原理也没用。

　　"学而不思则罔，思而不学则殆。"不知而不为，可教；知而不为，可恶。

　　对于那些懂教育理念和方法而不知如何做的家长，我的建议是：当发现书中的某一个教育理念或方法可能有用时，一定要多看几遍，静下心来仔细分析一下自己孩子的行为，思考怎么将书中的这个理念或方法用到自己孩子身上去，然后就去实践。家长实践后，感觉确实有用，继续想怎么样才能做得更好，再去实践。在实践中"悟"，"悟"好了再去实践，如此循环。使用某个方法收到成效后，家长再想想："可以用这个方法解决孩子的其他问题吗？该如何使用呢？"这样做能让家长把好的教育方法迁移应用在其他方面。时常思考与反省的人就能将家庭教育的方法融会贯通。

　　只有"悟道"才能"上道"。赏识教育倡导者周弘的成功就得益于"悟"。周弘将自己的五次"悟"称为"五次觉醒"。"悟"让周弘的赏识教育理念有了质的飞跃。周弘只是一个普通的父亲，他曾经的梦想就是让双耳失聪的女儿婷婷喊他一声爸爸。最终，在周弘的培养下，他的女儿婷婷不仅开口说话，成为博士，还荣获"《中国妇女》十大时代人物"称号，与她同时当选的有吴仪、邓亚萍、杨澜等著名女性。为什么周弘的女儿能取得这么大的成就呢？用周弘的话说就是："只有父母好好学习，孩子才能天天向上。"

第四节
赏识教育

对于"鼓励、肯定与赏识孩子"的教育方法，大部分家长并不陌生。大多数教育工作者不会否定赏识教育的积极作用。但是，只有赏识教育，没有挫折教育和批评教育，是不健全的教育。

一些运用赏识教育的家长，时间一久就会发现：孩子只听得进表扬和鼓励，听不进一点儿批评，受不了一点儿挫折，得了"赏识教育依赖症"。于是负面的声音又来了："赏识教育用不得。你看某某的妈妈不是天天表扬某某吗，最后某某的学习成绩还是一塌糊涂……"显然，持这种观点的人应该客观地看待赏识教育，不能错误解读，也不能太偏执。

笔者在与周弘本人接触后，在深入了解赏识教育的基础上，对赏识教育有以下解读：

一、如何正确看待赏识教育

1. 赏识教育的使用效果取决于使用者

赏识教育是一种教育理念、一种教育方式，没有绝对好或不好之分，区别在于使用者。这世上没有一种教育方法能够解决孩子的所有问题。批评教育、成功教育、挫折教育等教育方法，本身没有好坏之分，关键在于如何被使用者运用。

赏识教育的本意是给予孩子正面的强化与肯定，从心理学的角度上说就是给予孩子积极的心理暗示。一些家长在运用赏识教育时容易进入认知误区，认为只能表扬和鼓励孩子，不能批评孩子。关于这一点，周弘老师反复提到赏识教育不排除批评。

在教育孩子的过程中，我会根据孩子的具体问题，有时用批评教育，有时用赏识教育，有时用挫折教育。将这些教育方法融会贯通后，我还会将赏识教育与挫折教育结合在一起使用，效果很好。

2. 用好赏识教育的前提是无条件地热爱和接纳孩子

无条件地热爱和接纳孩子是用好赏识教育的前提。一些家长总是看到自己家孩子的不足，羡慕别人家孩子的优秀。

周弘老师在其著作和讲座中经常提到一句话："哪怕其他人都看不起我的女儿，我也会满含热泪，充满感激地热爱她、拥抱她、亲吻她！"正是因为周弘老师对女儿周婷婷无条件地爱，才有了周婷婷的今天。热爱与接纳孩子是实施教育的基础。

二、如何鼓励才会更有效

1. 鼓励要具体

鼓励要具体到点上，不能太笼统，也不能仅停留在表面上。家长与其夸孩子作文写得好，得了满分，不如夸奖孩子哪一段文字或哪一个词写得特别棒。家长与其夸孩子聪明，不如夸孩子在哪件事上表现得很聪明。

2. 用肢体动作来表现对孩子的赞赏

有时候家长用肢体动作来表现对孩子的赞赏，远胜于家长对孩子的语言鼓励。家长在夸孩子时别忘了竖起自己的大拇指。家长可以用眼睛真情地注视孩子，耐心地聆听孩子说话，让孩子尽情地表达。如果家长经常这样做，那么孩子会给家长带来更多成长的惊喜。

3. 注意鼓励的频率，不要过于频繁

鼓励过多会让鼓励失去应有的作用。一些经常被鼓励的孩子，时间一久，没有他人的鼓励就提不起劲，只听得进好话，听不进坏话，得了"鼓励依赖症"。

鼓励越频繁，对孩子产生的激励力量越弱。因此，家长要把握好鼓励孩子的度，让自己的孩子长久地绽放光芒。

第五节
教育孩子六字诀

如果你问我教育孩子有什么秘诀的话，那我的秘诀就是六个字：多想、少说、少做。

多想：多悟，多思考，多总结。

少说：少唠叨，少抱怨，少指责，少打骂。

少做：少包办代替，少为孩子解决问题。

让"多想、少说和少做"成为家庭教育的秘诀。如果家长遵循这六个字的秘诀来教育孩子，很多问题就能迎刃而解。这六个字改变了很多家长。谁能用好这六个字，谁就能取得家庭教育的成功。

第一步：多想

"多想"就是指多悟，多思考，多总结。当孩子有问题时，家长先闭嘴，静下心来思考，不要一上来就对孩子说教。

一些家长有三个"管不住"：

第一，一些家长管不住自己的大脑或不管自己的大脑，不问青红皂白就开始对孩子说教，这种错误的做法几乎是无意识的。一些家长在教育孩子时总是摸不到路，不得要领，结果事与愿违。

第二，一些家长管不住自己的嘴，嘴痒，喜欢唠叨、抱怨、指责孩子。

第三，一些家长管不住自己的双手，手痒。看孩子不会做、做得慢或做得不好，一些家长就喜欢帮孩子做。看到孩子遇到一点儿小困难，有一点儿不如意，一些家长就喜欢伸手帮助孩子解决困难，迁就孩子。就因为这些父母的帮忙，孩子的独立自主能力得不到锻炼和提高。

中国有句俗话："娘勤女儿懒。"对于孩子的事，家长越帮就越忙。家长越帮孩子，孩子就越懒。下面摘录两篇轩妮（家长的名字）的教育日记。

1月1日，星期一

晚上，全家人一起在饭店里热热闹闹地吃饭。在服务员上完一道菜后，洋洋（8岁，轩妮的女儿）和静静都想要菜盘里用作点缀的萝卜花，俩人不约而同地伸手去抢。在抢夺的过程中，洋洋打翻了自己面前的饮料杯，洒出来的橙汁立即浸透了台布，并顺着台布的折缝流到地面上。

好在我反应迅速，一伸手把饮料杯扶起来，麻利地用餐巾纸擦干净了台布。此时，洋洋已经抢到了萝卜花，正安静地站着。看我忙活，洋洋没有一点儿反应。突然，我意识到自己做错了。我的手太快了。我一心只想着快点收拾干净，不要破坏了气氛，好让我面子上过得去，却让洋洋失去了一个独自承担后果的机会。

为什么洋洋会这么安静地看着我？洋洋在想什么呢？

何振点评：我估计洋洋什么也没想。因为家长为孩子收拾惯了，所以孩子就觉得家长替自己收拾很正常。在孩子的意识中，善后就是家长的事。当家长习惯了帮助孩子做事情或解决问题的时候，孩子就会觉得家长的行为是理所当然的。事实上，家长让孩子自己承担做错事的后果，是培养孩子学会负责任的好机会。

究竟是面子重要，还是孩子的成长更重要呢？看来，在遇到事情时，我的确应该多想、多思考，不应该急于动手、说教，这才是教育孩子的正确方式。我需要多提醒自己，还要继续进步。

何振点评：这不是面子的问题。我想当时这位家长没有想到自己的面子，因为她没停顿一下就"出手"了，这是一种无意识的行为。可以推测，这位家长在之前遇到这类问题时也是这么干的。这位家长做得好的一点是：在事情发生后，她马上就想到了自己不应该这么干。这位家长反思了，这有助于她找到正确教育孩子的方式。

1月4日，星期四

中午，我和洋洋一起到书店买书。洋洋最近喜欢看《虹猫蓝兔七侠传》，也喜欢收集每本书附赠的漂亮贴图卡片。

在洋洋选好书之后，我为她付了书钱。然后，我们俩走出书店。一出书店门，洋洋的脸色就变了，嘟着嘴，站在那儿，既不走也不说话。

我就纳闷了：书是洋洋自己选的，她怎么会有这样的表情呢？

何振点评：这位家长没有不问青红皂白就对孩子一顿训斥，而是思考孩子为什么会这样，积极寻找原因。在家长找到原因之后，问题就会变得简单。家长也能借此走进孩子的心里。

我奇怪地问："洋洋，书不是你自己挑的吗？你怎么不高兴呢？"

（家长低下头来问孩子，寻找原因。家长做得很好！）

洋洋沉默了一会儿，委屈地说："妈妈，这本书里没有附赠卡片。"说着说着，洋洋的眼泪就掉下来了。（找到原因后，正确的处理方式会带来好的结果。）

我接过书来一看，果然没有卡片，就对洋洋说："这不是什么大不了的事，我们去问问收银员阿姨。"（这个时候家长可以问问孩子"现在该怎么办？"。家长让孩子自己解决问题，有助于孩子提高解决问题的能力，让孩子更有主见。）

我转身走进书店询问收银员。收银员翻开书后连忙解释：书店里的孩子太多了，以防卡片丢失，就提前将卡片收起来了。收银员马上找到随书附赠的卡片，递到洋洋手里。洋洋收到卡片后开心地笑了。

看着孩子脸上的笑容，我突然一下子明白过来：唉，我又错了！为什么洋洋发现书中没有卡片的时候只会站在那里不说话？为什么洋洋不会自己想办法解决问题？因为洋洋有我啊！因为我是一个太"勤快"的妈妈。我什么都替洋洋想好了，什么都替洋洋做好了。洋洋还需要想什么、做什么呢？

何振点评：这位家长的反思总结得很到位。虽然这位家长又犯了喜欢帮孩子解决问题的老错误，但是这种不断反省的精神能促使她自己变得越来越好。人们先从有意识地控制和纠正不良习惯开始，再从有意识的行为转变为无意识的行为，最后形成新的习惯。一个人如果想要改变不良习惯，就需要有意识地控制自己的不良行为，养成反思的习惯，让自己少犯错误。

如果想让孩子在遇到事情时动脑筋想办法，家长就要先改正自己

"手快嘴快"的毛病。写到这里，我又想起何振老师的教育六字诀——"多想、少说和少做"，不断提醒自己要记牢和用好这个六字诀。我要继续努力。

任何一个教育得法的人，都会通过"多想"来提高教育孩子的能力。一些家长说："一遇到孩子的问题，我就着急，只会批评、指责孩子。"这些家长要学会控制自己的情绪，调整错误的无意识行为。

至于家长如何做到"多想"，我的建议就是家长首先学会闭嘴。在遇到孩子的问题时，家长首先把嘴闭上，立即开始思考。家长一旦让自己的大脑开始发挥作用，就能慢慢悟出适合自己孩子的教育方法。

"怎么想，想什么"是第一步，也是非常重要的一步。教育孩子"思考"和"悟"的本质是：把问题放在心里，不要着急，静下心来开始思考。为了稳定情绪，家长可以问自己以下三个问题：

第一个问题："为什么孩子会这么做，他是怎么想的？"

第二个问题："如果我是孩子的朋友，在孩子出现问题时，我会怎么跟他说？"家长可以换个角度想问题。很多时候，家长之所以不了解孩子，是因为家长站得太高，离孩子太远。把孩子当朋友看，一些家长就会少许多的压力，少犯错误。

第三个问题："我该怎么教育孩子呢？当我这样教育孩子时，孩子会有什么反应呢？当孩子不接受我的建议和说教时，我该怎么办？"

"悟"什么？"悟"孩子的心理。想什么？想教育孩子的方法。当家长把这些问题的答案想清楚后，很多的家庭教育问题就能迎刃而解。

家长少给孩子打句号（定性、贴标签），多给自己打问号（琢磨、思考）。

第二步：少说

"少说"就是指少啰唆，少唠叨，少抱怨，少说教，少指责，少打骂。家长应该怎么说呢？家长应该多肯定、多鼓励、多强化孩子好的行为，多发现孩子的优点与进步。

第三步：少做

"少做"就是指家长少帮孩子做事情，少包办代替。当孩子遇到困难时，家长少伸手帮孩子处理，多让孩子自己尝试解决，给予孩子信任和鼓励。

在这里，笔者用两个例子来讲"六字诀"在教育实践中的应用。

乘坐私家车时，家长不要让儿童坐在前排副驾驶座上，否则一旦发生车祸，儿童容易有生命危险。然而，我们仍然能看到一些坐在前排副驾驶座上的小朋友，甚至有些小朋友没系安全带。这些小朋友的家长不是不知道这样做会有生命危险，只是侥幸地认为自己不会那么倒霉。让幼小的孩子乘坐儿童安全座椅，这是原则性的问题。在孩子第一次想要坐在前排副驾驶座上时，不管孩子如何哭闹，家长都要坚决不同意孩子的要求。在没有发生车祸时，什么事情都好说。一旦发生车祸，坐在前排副驾驶座上的孩子就可能因为家长的妥协而断送生命。

记得我儿子7岁那年，第一次坐我私家车的时候，他就打开车门坐在副驾驶座上。因为坐在副驾驶座上，视野好。看着儿子坐在副驾驶座上，我没启动车子，而是告诉他："儿子，你不能坐这个位置，这里很危险。"儿子问我："那我应该坐在哪里？"我就告诉他私家车上哪个座位相对安全。从那以后到现在，儿子从来不要求坐在副驾驶座上，一上车他就坐在后排的座椅上。当看到别的小朋友要坐副驾驶座时，儿子就会劝说小朋友不要坐在副驾驶座上。

当孩子想违背规则的时候，家长应该坚决制止他，并重申一遍规则。

当我的孩子想要坐前排副驾驶座时，我会想："敢不敢让孩子坐在副驾驶座上？该不该让孩子坐在副驾驶座上？"我不会因为孩子不高兴就迁就他。这件事关系到孩子的生命安全。较小的孩子不知道危险在哪儿，而我清楚地知道。家长一定要坚持原则。从表面上看这是一件小事情，当出现意外时，这就是一件关乎生命安全的大事情。这就是"多想"带来的好处。家长要清楚地知道自己应该做什么，不要被孩子左右。

接下来我再讲另一个例子。

2009年夏天的时候，我开车带着儿子到别的城市旅游。因为天气炎热，所以我将车里的空调打开了。行驶一段时间后，坐在后排座位上的儿子感觉有点儿冷了，就对我说："爸爸，有点儿冷。"儿子的言外之意是车里温度太低了，需要我将空调关掉或者将空调的风量调小一点儿。这时很多家长会下意识地去做一个动作——伸手将空调关掉或将空调的风量调小一点儿。家长的动机是好的，怕孩子冷或受凉。当我伸出手的那一刻，"多想、少说和少做"的教育习惯发生了作用。我立马想到："孩子感觉冷了，自然会去关空调啊，根本不需要我动手。"（多想）就是因为这个念头，我当作没听见儿子说话。我既没说话（少说），也没伸手（少做，少帮孩子解决问题）。果不其然，儿子马上伸手将空调的风量调小了一点儿。

听到孩子说有点儿冷，我没有伸手将空调关掉或者将空调的风量调小一点儿，而是先思考，然后不说话，也不伸手，最后孩子自己伸手将空调的风量调小了一点儿。虽然描述这个过程的文字有点儿长，但其实这个过程持续的时间不会超过 10 秒。

当我没有伸手将空调的风量调小一点儿时，孩子觉得冷，自然就自己动手解决问题了。从表面上看，这就是一件小事。往深处想，我们就会觉得这不是一件小事。一个习惯了伸手帮孩子解决问题的家长，毫无疑问，对于其他事情，他同样会习惯性伸手。如此，孩子就习惯了家长的帮忙，养成了遇到事情"只开口，不伸手"的习惯，就此形成依赖。时间一久，孩子就变成"老爷"，父母就变成了服务孩子的"仆人"。在这种亲子关系中，孩子稍不如意就会不高兴，甚至对家长恶言相向。孩子怎么能学会独立？家长怎么教育孩子？

"孩子听不进家长的话，只会要求，不肯伸手"的不良习惯，不正是由家长伸手过多造成的吗？家长在遇到事情时多想想，多让孩子自己做一些力所能及的事，长此以往，就能让孩子获得成长的动力。

很多人会觉得"多想"是一个复杂、费时间的过程，其实不然。人类的大脑以极快的速度进行运转。家长如果在平时有意识地控制自己的行为，就会形成思考的习惯。养成思考的习惯以后，家长在遇到问题时，"多想"就会条件反射般闪出来，不会费很多的时间。

第六节
过马路的教育哲学

　　几年前，我在杭州市崇文实验学校的音乐厅为学生家长做家庭教育讲座时提到：家庭教育就如同过马路，需要"一停""二看""三通过"，这与教育孩子"六字诀"中的"多想、少说和少做"有异曲同工之妙。

　　想要安全地通过马路，我们需要做三步："一停"，先让自己停下来；"二看"，观察一下前后左右的车辆，并做出相应的判断；"三通过"，观察、判断清楚路况后再通过。这三个步骤几乎诠释了家庭教育方法的精髓。

"一停"，先让自己停下来

　　看到孩子出现问题，家长先不要着急地对孩子说教或打骂（闭嘴），先让自己停下来想一想（思考）。家长这样做能克制自己冲动教育孩子的行为。

一些家长会在网上给我留言寻求帮助。从这些留言中，我就能感觉到这些家长急躁的情绪。在家庭教育当中，"急"是最要命的，"急"就容易出问题。因此，我常对家长说："家长在教育孩子时不要着急。孩子不会在一两天内就迅速变坏。面对出现问题的孩子，如果家长能正确地引导，那么孩子的问题就能迎刃而解。"

"二看"，观察和判断，想一想下一步的行动

思考能让我们改变不良的教育习惯。"一停、二看"的行为类似于"六字诀"中的"多想"，也就是"闭嘴与思考"。

当孩子出现问题或有不好的行为表现时，家长要先停下来，然后开始思考，想一想，并做出相关判断。想什么？想孩子为什么会这样？这个问题的原因是什么？孩子是怎么想的？孩子需要家长有哪种教育态度？家长应该怎么引导孩子？如果家长这样教育孩子，孩子会有什么反应？想清楚这几个问题后，家长就能控制自己急躁的情绪，思路就清晰了。

很多家长可能会想："在教育孩子时，我要想这么多问题吗？我哪有那么多时间用来思考啊？"在这里我要说的是："人们思考的速度很快。我们可以在做饭或拖地时思考，也可以在睡前思考。家长养成思考的习惯后，能够在短时间内想到可行的策略。"

"三通过"，对孩子实施正确的家庭教育

家长需要认真思考，找到解决孩子问题的办法。这一步建立在家长成熟的思考与准确的判断之上。父母是孩子的第一任老师。想要孩子健康成长，父母要做好引导孩子的工作。

第七节
教育孩子三步法

一些家长听了很多家庭教育讲座或者看了很多有关家庭教育的文章，家庭教育的理论知识丰富，家庭教育的水平却没有得到实质性提高。孩子的一些问题是由家长教育不当造成的。在家长改变后，孩子也会随之改变。

一些家长想要尝试改变自己，刚开始时热血沸腾，没尝试几次就泄气了，依然保持原样，原地踏步。最后这些家长会说："对于你说的话，我都知道啊，可是改变自己太难了！"每当听到这句话时，我只能露出无奈的微笑。

改变自己错误的教育行为真的很难吗？难，确实很难！因为错误的教育行为已经根深蒂固。

改变自己错误的教育行为真的很难吗？不难。家长只要有意识地控制自己的行为，就能解决爱着急、爱抱怨、控制不住自己等问题。

家长需要多长时间才能改变自己呢？家长只要有意识地按照以下三步法来做，在短时间内就会有效果。

这个教育孩子三步法是从教育"六字诀"——"多想、少说和少做"中衍生过来的。

下面我用一个例子来讲一讲如何运用教育孩子三步法。比如，孩子在吃饭时不小心把饭碗摔了。遇到这种情况，家长应该怎样做呢？

第一步：让自己闭嘴，停下来

当孩子犯了错误，家长想要训斥孩子时，一定要有意识地控制自己——闭上嘴（家长要有意识地控制自己的情绪，而不是任由情绪发泄），这一步是非常重要的。

第二步：开始琢磨孩子的问题

家长要问自己以下几个问题：

1. 孩子为什么会将饭碗摔在地上？（这一步是为了寻找问题的原因。）

可能是因为孩子年龄小，没拿稳饭碗，不小心将饭碗摔在了地上。也可能是因为孩子拿得稳饭碗，但依然不小心把饭碗摔了。不管出于何种原因，孩子不小心把碗摔了都是无辜的、无意的。家长想通后，心里就会舒畅，自然不会再生气。

2. 把饭碗摔了之后，孩子在想什么呢？孩子希望家长怎么对待他呢？家长该怎么教育孩子呢？（这一步是为了了解孩子的内心。）

只有知道孩子在想什么，家长才能知道怎么对待孩子。家长只要稍微站在孩子的立场上想想，就能揣摩到孩子的心思——意识到了自己的错误，怕家长责骂，希望家长不要责骂自己。

这时，家长语气平和地对孩子说："没关系，你下次注意点儿就好了。你把摔破的饭碗收拾一下（家长千万别帮助孩子收拾），再拿一个饭碗过来盛饭……"这几句话能起到三个作用：一是家长理解了孩子，孩子也愿意听家长的话收拾残局；二是培养孩子为自己做错的事情负责任的意识；三是家长对孩子改正自己的错误行为提出了期许。

家长切忌反复跟孩子讲道理。孩子只是不小心摔碎了一个碗，家长没必要上纲上线，反复说教。孩子即使会听家长唠叨，也会想："我只想安静地吃顿饭，还要忍受家长的唠叨，真烦人。"家长费了口舌，却遭到了孩子的埋怨。当家长将第二步琢磨透、想明白后，第三步就变得简单了。

第三步：去做，在实践中反思和总结

家长如果实在想不明白或想不出办法，就停下来。家长如果胡乱地责骂孩子，问题就可能会变得更糟糕。

家长可能会说："何老师，我哪有那么多时间用来想问题呀？不就是摔个饭碗的事吗？我至于费这么多脑筋吗？……"家长大可不必担心时间的问题，因为人们思考的速度很快。比如我在处理孩子的问题或者为家长提供咨询服务时，只需要用很短的时间思考，因为我已经形成了习惯性的反应。

一些家长在一开始时会想不清楚、想不出办法。如果家长有不习惯的感受，那是正常现象。家长需要有意识地改变自己。

在使用教育孩子三步法时，家长要有意识地提醒和控制自己。家长会有很多次使用教育孩子三步法的机会。家长如果有做得不好的地方，自己反思一下，下次改正就好。我敢向家长保证："你只要坚持这么做，用不了多久，就会思考得越来越顺畅，最终成为一个新的自己，那种莫名的喜悦会浮现在你的脸上。"

再举一个真实的案例：

这位妈妈是一名医生，孩子在某学校读书。夫妻俩都很重视孩子的教育。有一次，我应邀到学校为学生家长讲家庭教育。听完我的课后，这位妈妈激起了改变自己的热情，然而没坚持多久，她就放弃了。后来，由于班主任几次向这位妈妈反映孩子的问题，因此这位妈妈开始着急了。恰好那年暑假我在杭州免费为家长上家庭教育指导课。这位妈妈就来上我的课。上完第一次课后，这位妈妈就尝到了甜头。上完几次课后，这位妈妈的脸上就浮现出喜悦的神色。

这位妈妈对我说："上完您的课后，我发现自己身上有很多的问题，就开始实践教育孩子三步法。使用这个方法的第一周，我感觉特别不习惯，而且经常忘了使用。使用这个方法的第二周，我明显发觉思考顺畅多了。随着我的改变，孩子也发生了变化。孩子以前做作业时，总躲着我做一些与学习不相关的事。只要我没抓到孩子的现行，孩子就暗自高兴。孩子经常对我说谎。当我做出改变后，不知道怎么回事，孩子主动跟我说他之前是怎么骗我的。孩子以前从来没主动说过这些事。孩子感觉幸福的时光到来了。我能感觉到孩子比之前快乐了。我与孩子的关系也更融洽了。一想到孩子变好了，我就很高兴。"

我对这位妈妈说："现在你开始找到感觉了。只要你保持好这个习惯，持续几个月，这个习惯就会被固化。以后你可以把自己的经验分享给身边的家人和朋友……"

我又对这位妈妈说："对于同一本书，你在不同的时间阶段去看，收获就会不同。当你边看边实践时，你就会收获很多。"能看到这位妈妈满面笑容，我很高兴。对我来说，从事家庭教育事业的最大成就是看到家长和孩子一起往好的方向改变。

对于听我讲座的这些家长，我起的作用非常小。我只是领这些家长进门，并告诉他们一些正确的家庭教育理念。这些家长的进步都是靠他们自己努力得来的。家长只要有意识地去做，就能做到。

懂家庭教育的家长不会任由自己被消极的情绪和错误的教育行为一直左右，他会停下来进行思考，琢磨自己的孩子，总结反思，力行实践。

第八节
培养良好的教育习惯

家长在教育孩子时要遵循"多想、少说和少做"的原则。家长可以自己做一个记录表，以便记录自己每天的教育行为。家长做到了哪一条，就在相应的方格里打√。家长没做到哪一条，就在相应的方格里打△，提醒自己明天注意。家长一周汇总一次记录表，看看在一周的时间内，有多少个√，又有多少个△，以便提醒自己多想、少说和少做。

通过记录和汇总，家长就能准确地知道自己的行为变化。将这一周的记录表与上一周的记录表做对比，如果√多了，△少了，说明家长进步了；如果√少了，△多了，说明家长有点儿忽视了良好教育习惯的培养。

家长可以在每周汇总记录表后写一篇心得体会。家长这样做的好处是：能够看到自己的变化，提高教育孩子的自信心，可以不断反省和提醒自己。家长在教育孩子时要遵循多想、少说和少做的原则。持续一段时间后，一些家长就能养成良好的教育习惯。这种良好的教育习惯有助于孩子的成长。具备良好教育习惯的家长在遇到问题后能自己找到方法和窍门，成为教育自己孩子的专家。

第九节
学会闭嘴与思考

如果只能用两个字概括家庭教育的秘诀，我认为是"闭嘴"两个字。"闭嘴"是一些家长特别需要做的事，也是首要做的事。家长的唠叨会加速孩子不良习惯的形成。家长闭嘴能减少孩子的问题行为。为什么"闭嘴"二字有如此奇效呢？我们一起分析一下孩子不良习惯形成的过程，就能知晓原因。

一、孩子的不良习惯是如何形成的

孩子为什么会形成不良习惯呢？我认为有两个主要原因：一是孩子的不良行为不断地受到施教者强化（反复指责与抱怨孩子）；二是孩子的不良行为没有得到及时纠正，时间久了，就形成了不良习惯。

如果将孩子已经出现的问题比喻成一块薄冰，那么这块薄冰不断增厚的原因有两个：一是家长每指责孩子一次，就如同在薄冰上蒙上一层冰霜。家长不停地指出和强化孩子的问题，就会不断地让这块薄冰蒙上冰霜，直至这块薄冰变成一块厚厚的冰，正所谓"冰冻三尺，非一日之寒"。这种看似为孩子着想的教育方式容易使孩子更加叛逆，使问题变得越来越明显，直至演变成不良习惯。二是孩子的问题没有得到解决，每天重复不良行为，也会使这块薄冰不断增厚，直至形成不良习惯。

二、家长的责骂会加速孩子不良习惯的形成

如果家长能闭上嘴，停止责骂，孩子的问题行为就会减少。家长在教育孩子时，大多是无意识的反应与行为（不加思考），一看到孩子有问题，就喜欢责骂孩子，反复强化孩子的问题，这是一种错误教育孩子的行为。当孩子出现问题时，家长先闭上嘴，然后开始思考，引领孩子往正确的方向走。

有一位杭州下城区的家长，悟性较高，跟我见面谈过一次，她就领悟到了闭嘴和思考的作用，通过自己的努力，在悟与思中，找到了解决孩子问题的办法。请看一下这位家长的案例吧。

一天下午，已经过了放学时间，儿子还没到我单位。平常儿子放学后都是到我单位吃晚餐的。昨晚我就听到儿子高兴地说："明天我们班的学生要和另一个学校的学生开展'手拉手春游'活动。"我想知道这个活动是否结束了，就打电话询问班主任。班主任说我家孩子已经离开学校了，接着又告诉我："今天，当另一所学校的学生给我们班学生送礼物时，我们班学生出现了集体哄抢礼物的行为。活动结束后，作为惩罚，我没收了我们班学生收到的礼物，并对学生们哄抢礼物的行为进行了教育。等学生们表现好了，我再把这些没收的礼物

还给他们。当时，你的儿子就是不交礼物，因为他得到了一副'729'乒乓球拍（那是他最喜欢的）。结果，乒乓球拍被我没收后，你儿子趴在课桌上大哭了一场……"

刚和班主任通完电话，儿子就走进了我的办公室，神情沮丧，脸上还留着哭过的泪痕。我没多说什么，就让儿子去吃饭。结果儿子一下子大哭起来，边哭边向我诉说自己的委屈："老师凭什么没收我的乒乓球拍呢？我又没抢礼物。'729'乒乓球拍是那个大哥哥主动送给我的。我恨老师。我明天不去那个班上课了。我要转学！……"看得出来，儿子的情绪很激动。用我同事的话来形容孩子当时的表现就是"恨不得从老师手里抢回乒乓球拍"。

在我儿子哭诉完后，我和在场的那位同事都劝我儿子要理解班主任。因为班主任看到自己的学生们哄抢别人送的礼物，当然会很生气。谁知我们俩人越劝，我儿子越生气，情绪越激动，还说我们俩人和班主任是一伙的。

回到家后，我实在想不出什么好办法来平息儿子的愤怒，又怕儿子对班主任产生敌对情绪，不利于以后的学习。正在苦恼之际，我正好在网上遇到了何振老师，就将这件事的前因后果告诉何老师了。

何老师对我说："你劝孩子的本意是好的，但处理方式欠妥。当孩子有情绪时，你越劝孩子，越安慰孩子，就越会强化孩子的负面情绪。处理这件事情的最好方式是淡化。几天以后，孩子的怒火就会自动平息。到那时，你再去引导孩子理解班主任，就会比较容易。"

听了何老师的话，我知道自己又犯了着急的毛病，想让孩子一下子改正错误。正在气头上的儿子怎么会接受与自己想法相反的意见呢？

接下来的几天，我和儿子都在淡化这件事。儿子的情绪也开始平复了。周六那天，看着儿子情绪不错，我就开始询问儿子现在的想法。儿子表现得很平静，对我说："我没抢。老师没收我的礼物是不对的做法。如果我是老师，只要同学们高兴，我就高兴。"

"看到同学们哄抢礼物，作为老师的你也会高兴吗？"我故作吃惊地问。

"会！"儿子说。

看来时间只是把儿子的情绪平复了，却没让儿子学会换位思考。于是，我换了一个思路："你们班的一些同学哄抢礼物，剩下的同学没有哄抢礼物。外校的学生看到你们班同学的这些行为时，会说'某某同学真有礼貌，某某同学没有礼貌吗'？"

"不会。"儿子回答，"他们会说这个班的学生真没礼貌。"

"那些有礼貌的学生只好说自己被冤枉了，要求别人更正说法。这可能吗？"

"不可能。他们被行为不好的同学影响了，也只能被别人说没礼貌了。"

"怎么做才能让别人说你们班同学有礼貌呢？"

"全班同学都有礼貌才行。"

"你们班主任听到别人说你们班同学没有礼貌，他会高兴吗？"

"不会高兴，他听了以后会感到不好意思。"

"可那些没礼貌的学生在做没礼貌的事时很高兴呀，作为班主任也应该高兴呀！"

"他怎么会高兴呢？他会感觉很丢脸呀！"

"当你们班同学哄抢礼物时，你们班主任是什么心情呢？"

儿子无语了。于是我见好就收，对儿子说了一句："你要学会站在别人的角度去考虑问题，不要总是关注自己的利益。"

看到这件事没有给儿子的心理带来什么负面影响，我很高兴。我能完美地解决这件事，得益于何振老师"先闭嘴，再思考，寻找适合的时机对孩子进行引导"的观念。

的确，孩子毕竟是孩子，情绪容易激动。如果在孩子生气时，家长对孩子进行说教，很容易让孩子产生敌对情绪，很难让孩子认同并做出改变。孩子在情绪平复后，更容易进行理性思考，反思自己的行为，接受家长的引导。

三、一旦家长闭嘴，孩子的问题就能减少

"闭嘴"的意思不是指家长不说话，而是指家长不要急于说话。在遇到孩子的问题时，家长先停下来思考几秒钟。一旦家长闭上嘴，大脑就能快速思考。

"闭嘴"并不是指家长不说话，而是指家长能克制住以往无意识的教育行为，思考如何正确地说话。"闭嘴"二字值千金。如果在"闭嘴"的基础上再加"思考"二字就值万金了。

"闭嘴"并不代表家长对孩子的问题视而不见或不当回事，而是把问题放在心里，把注意力放在寻找问题背后的原因上，思考如何来解决问题。

"闭嘴"的目的是：不让孩子被家长的负面评价包围，家长要把注意力放在孩子做得好的地方，给予孩子积极正面的强化、鼓励和建设性建议。

第十节
夫妻俩的教育观点不一致，怎么办

在教育孩子的问题上，夫妻俩总会有意见不一致的时候，除了争吵以外，还能怎么办呢？在遇到这类问题时，你可以尝试遵守以下五个原则：

一、不要指责对方

当对方教育孩子的观点或方式有错误时，你不要在孩子面前指责对方的不是，也不要赌气，更不能有攻击对方的行为或伤害对方自尊的言语，否则会伤害夫妻感情，也会增加教育孩子的难度。你可以等对方心情平静时再与对方交流。

我儿子刚上一年级时，需要每天接送。我妻子比我空闲时间多，我就想让她负责接送儿子。妻子有时就不愿意接送儿子。这时，我没有像一些人一样跟妻子赌气——不去接送儿子，而是抽时间接送儿子，不抱怨，也不啰唆，承担为人父的责任。

二、讲究沟通的策略

如果你告诉对方某种教育行为不当，而对方又不听你的话，你不要与对方争吵。如果对方教得不好，孩子就不会听对方的话。此时你不要讥笑对方。如果对方的教育方法总不见成效，对方就可能会反省自己的教育行为。此时你与对方交流，对方就能听得进去，并采纳你的意见，和你一起想办法。

三、顾及孩子的感受

夫妻俩因为孩子的教育问题吵架时，不要只顾着宣泄各自的情绪。如果孩子正在目睹你们夫妻俩吵架，你们应该顾及孩子的感受，停止争吵，把孩子放在首位。事后你们要及时与孩子谈话，告诉孩子你们争吵的原因，让孩子客观地看待你们之间的矛盾冲突。

四、借助外部力量

你们夫妻俩可以看一样的教育书籍，一起听教育专家的讲座，一起找老师沟通孩子的问题，以便具有相同的教育观点，慢慢地减少冲突。你要学着借助外部的力量来影响对方，而不是企图用自己强硬的态度和话语改变对方。

对方可能不听你的话，但可能听得进别人的话或老师的话。在无力改变局面的情况下，你应该学会借助外部力量来影响对方。

五、承担教育孩子的责任

如果对方一直坚持自己不正确的教育方式，还不听你的建议，你就可以让对方暂时放弃承担教育孩子的责任。一个人教孩子会比观点对立的两个人同时教孩子的教育成效好。

在教育孩子的问题上，夫妻双方不是各自承担 50% 的责任，而是各自承担 100% 的责任。成功的家庭教育将使孩子受益终生。这是我对你的忠告和劝慰。

夫妻之间有教育冲突是在所难免的。当我和妻子在教育孩子的问题上有冲突时，我就是按上面的五个原则来处理的，我的孩子也因此成长得很好。

记住一点：孩子是夫妻俩共同所有的，一切都是为了孩子好。

相信一点：你们夫妻俩的目标是一致的，再多的矛盾冲突都是可以通过沟通解决的。

第十一节
接纳与沟通

父母都想教育好自己的子女，对于这一点，我从不怀疑。但只有美好的教育愿望是不够的。我认为：任何好的家庭教育方法都必须建立在良好的亲子关系之上。良好的亲子关系都有一个共同的特征：父母与孩子的关系非常好，很和谐，相处起来像朋友、像知己，孩子有什么话也愿意跟父母说。

亲子关系好，万事好。亲子关系不好，万事不妙。一些家长容易忽视亲子关系。良好的亲子关系恰恰是家庭教育的基础。接纳与沟通是建立良好亲子关系的重要前提。

家长要走进孩子的心里。走进孩子的心里是家庭教育的起点。接纳与沟通就是走进孩子心里的重要方法。

一、家长如何做才能走进孩子的心里

1. 接纳孩子

不管孩子的学习成绩是好还是差，家长都要接纳孩子。接纳就是理解与宽容。理解与宽容是沟通的基础。家长只有接纳孩子，才能心平气和地与孩子说话。

必须接纳孩子的第一个理由是：不管孩子是好还是坏，都是你的孩子。别人家孩子再好都是别人家孩子。

必须接纳孩子的第二个理由是：如果你不接纳孩子，孩子也无法接受你，你就无法通过家庭教育改变你的孩子。

我儿子在 2 岁的时候才从奶奶那里回到我身边。那个时候我觉得儿子身上没有任何优点，什么都不会。我儿子敏感爱哭，瘦弱，体质不好，经常咳嗽。当时的我几乎绝望。但是，儿子是我唯一的孩子。如果连我都不接纳儿子，又有谁会接纳儿子呢？不管怎么说，儿子是一个生命。我是儿子的父亲。接纳儿子不仅是我的义务，还是我的责任。接受了儿子后，我并没有好的教育观念和方法。直到有一次我去广州出差，在机场看到了一本有关家庭教育的书，才开启了家庭教育的大门。

家长不接纳孩子，孩子也不会接受家长，哪怕家长有世界上最好的教育方法。

接纳是教育的开始。没有接纳就没有教育。家长只有接纳了孩子，才能走进孩子的心里。

2. 与孩子保持良好的沟通

好的亲子关系是一切教育的基础。好的亲子关系胜过许多教育方法。沟通是建立良好亲子关系的法宝。沟通是家庭关系和谐的法宝。

沟通是孩子成长发展的法宝。沟通是解决问题的法宝。

沟通是教育的桥梁。没有沟通，也就无法开始教育。很多家长都知道要和孩子建立良好的亲子关系。

沟通必须在尊重、平等和双向的基础上进行。沟通是双方的，而不是单方面的。说教就是单方面的，这不是沟通。还有一些家长总是要求孩子说出自己的心里话或者小秘密，而他们几乎不跟孩子谈自己在生活或工作中遇到的难事。一些家长总是问孩子："你怎么了？你是怎么回事？"这不是沟通，而是审问。这种沟通交流方式很难让家长与孩子建立良好的亲子关系。

二、家长怎样做才能跟孩子成为好朋友

有以下两个好办法：

第一个办法：家长要养成跟孩子说心里话的习惯，而不只是说话。

第二个办法：家长在与孩子交谈时，可以谈孩子喜欢的话题、谈孩子感兴趣的事物、谈孩子擅长的活动等，不一定非要谈学习。

家长在生活中经常跟孩子讲讲自己的心里话，讲自己遇到的大事、小事或者开心事、烦恼事，讲自己喜欢的事物、厌恶的事物。如果家长经常跟孩子说心里话，孩子就会觉得家长拿他当朋友。家长要养成跟孩子讲心里话的习惯，谈孩子感兴趣的话题。用不了多久，家长这样做的效果就会出来。不用家长询问孩子，有的孩子就会开始跟家长说心里话，说他喜欢的事物，说他在生活和学习中遇到的大事、小事或者开心事、烦恼事。拥有良好的亲子关系以后，孩子愿意听家长的建议。

三、在与孩子沟通时，家长需要注意的事项

家长在与孩子沟通时需要注意以下两点：

第一点，不管孩子是否听得懂或理解家长的话，家长都要把孩子当作朋友一样说话。要让孩子从家长的言行中感受到被尊重。孩子只有信任家长，才敢跟家长讲心里话。

第二点，家长要把握好沟通的时间，不能不顾孩子的感受一直说个不停。家长还要选择合适的沟通时机。家长不要一直跟孩子说个不停。家长自顾自地说，不是沟通的方式。

下面我举两个案例：

有一次我在某机关幼儿园做讲座。一位家长对我说："何老师，你的课讲得真好，我是第二次听你讲课了。"

我吃惊地问："你是第二次听我讲课吗？"

这位家长说："是的。我有两个孩子，一个在树人中学读初二，另一个在这个幼儿园上小班。我第一次听你讲课是在树人中学。我女儿上初二后经常乱发脾气，跟我说话的次数也越来越少了。听完你的课后，我就按照你说的方法，尝试与女儿多说话，多谈女儿喜欢的事。现在我女儿跟我的关系没有以前那么僵了，跟我说话的次数也多了起来，发脾气的次数也少了。"

"是吗？你是一个有心的家长，很有悟性，继续用这个方法。我希望你能把二宝教育得更好。"

在孩子出生后，我就坚持与孩子沟通。在孩子五六岁时，我就跟孩子讲自己遇到的有趣的事或烦恼的事。那么小的孩子还听不懂我说的大部分话，不过没有关系。我依然坚持和孩子说，效果非常好。

一天上午，我与妻子在家里因为买什么样的灶具争执不下。对于我要买的灶具，妻子说不行。对于妻子要买的灶具，我说不好。妻子还非要我去买她说的那种灶具。最后我对妻子说："如果你坚持要买你认为的好灶具，那你自己去买，我不买。"6岁的儿子当时也在家中。和妻子吵完架后，我走到房间问儿子："成成，你知道爸爸妈妈吵架的原因吗？"

儿子说："不知道。"

我说："那我告诉你吧。你妈妈不同意买我说的那种灶具，还要我去买她说的那种灶具。我就让你妈妈自己去买她说的那种灶具。"

吃完中午饭后，我又跟儿子说："成成，你有没有发现，爸爸跟妈妈吵完架后一点儿也不赌气，该吃饭时就吃饭，还有说有笑？"

儿子似懂非懂地点头说："嗯，是啊……"

这时，我对儿子说："两个人因为不同的想法而争执，是一件正常的事情。争执完后，我们该干什么就干什么，不生气，不赌气，这就是对事不对人。"

我与妻子吵架的次数不多。只要儿子听到我和妻子争吵，我都会跟儿子说吵架的缘由，并询问儿子的看法。当我这样做的时候，孩子就会觉得我很重视他。虽然儿子才6岁，不一定能理解"对事不对人"的意思，但是我多说几次以后，儿子就能慢慢明白。以后，孩子在与同学、朋友、家人有矛盾时，他也能客观处理。事实证明，儿子不仅没受到我们吵架的负面影响，还变得越来越懂事。

在我儿子上初一的时候，有一天，班主任向我反映我儿子的状态不好。得知这一消息后，职业的敏感让我立即察觉到我儿子一定遇到了难题。

出差回来当晚，我就到学校与老师交流。老师说主要原因可能是我儿子在学校运动会的田径比赛中受到了打击。我儿子报名参加了100米赛跑，结果他跑了最后一名。从那天下午开始，我儿子就一直闷闷不乐，也不说话。

我儿子从小就好强，不服输，总想超越别人，大多数时候他都实现了自己的目标。可这一次，儿子树立了一个不可能完成的目标。我对儿子说："你的对手15岁，你12岁，你跟对手比100米赛跑。短跑比的是爆发力。你的腿比对手短，你的力气比对手小，你再怎么跑也跑不过比你大的对手啊！"但我儿子不这么想。我儿子只要参加比赛，就想拿第一名。结果这一次，我儿子完败。

我带儿子到学校操场谈心，跟他谈体育、谈学习、谈我的工作、谈我对这次比赛的看法、谈我的建议。后来我儿子的心结解开了，当晚他就跟我说了很多心里话，也从我的话中懂得了很多人生的道理，这就是沟通的重要性。

父母与孩子不仅有血缘关系，还应该有情感的纽带。尽管我的儿子有很多的不足，但我依然很满足、很幸福，依然深爱着他。作为父亲，不管发生什么事，我都会站在孩子的立场上思考问题，让孩子觉得自己身旁总有父亲相伴。

四、家庭教育的"十大误区"

1. 家长作风，专制主义；

2. 暴力倾向，赏罚简单；

3. 重智轻德，分数第一；

4. 己之私愿，强施子女；

5. 娇惯溺爱，包办代替；

6. 急功近利，实用主义；

7. 抑制创新，中庸心态；

8. 趋炎附势，盲目跟风；

9. 明哲保身，虚伪世故；

10. 精神空虚，缺乏信仰。

第十二节
家长在教育孩子时要注意三个问题

不管家长愿不愿意，有没有准备好，家庭教育都是家长不能回避的问题。既然不能回避，家长就要学着去面对。现在很多家长对家庭教育越来越重视。但是，还有一部分家长在教育孩子的这条路上迷失了方向。

一些家长不是不想把孩子教好，而是实在没办法把孩子教好。一些家长也不是不想学习家庭教育的理念与方法，而是不知如何学习。

家长在学习家庭教育的理念与方法时，应该先从哪儿开始呢？家长要先从自己的身上寻找问题，而不是把注意力放在孩子的问题上。那些把注意力放在孩子的问题上的家长，是很难进步的。

家长可以通过阅读家教书掌握理论知识，并在教育孩子的过程中反思自己的行为。家长如果没有反思，即使看再多的家教书，花再多的时间，付出再多的努力，咨询再多的专家，请教再多的方法，也无法掌握家庭教育的精髓。家长要想掌握科学的教育理念与方法，先从改变自己开始。

家长在教育孩子时要注意以下三个问题：

第一，不能生搬硬套

家长要活学活用，不能生搬硬套。一些家长在学习和使用家庭教育方法时过于死板。家长不仅要关注事例中具体的方法，还要学习方法背后的理念。每个孩子的个性都不一样。适合别人家孩子的教育方法不一定适合你的孩子。

书之所以被读死，是因为读书的人在死读书。一些好的教育理念是我从书中获得的，但没有一个具体的教育方法是我从书中直接拿过来用的。家长要找到一些适合自家孩子的教育方法。

第二，不能忽视亲子关系

想要取得好的教育效果，必须有良好的亲子关系和有效的沟通方式。亲子关系差是好的教育方法不能奏效的根本原因之一。要想让自己学到的家庭教育方法派上用场，家长首先做好一点——跟孩子保持良好的亲子关系。

家长怎样做才能维持良好的亲子关系呢？可以参考以下两点：一是家长把孩子当朋友看，平时在家里多与孩子聊聊天；二是家长多谈孩子感兴趣的事情或擅长的事情。家长在教育孩子时多建议，少要求，多鼓励，少指责。孩子会在这种氛围中感受到来自家长的尊重。家长坚持这样做一段时间，就能改善亲子关系。

第三，不能急躁

家长要有这样的意识——孩子有问题是一件正常的事。在教育孩子时，家长要有耐心，不能急躁，要把注意力放在解决问题上，不要反复数落孩子。

一些受到家长批评的孩子一开始几天表现得很好，过不了几天又变回老样子。这时一些家长就会对孩子说："你怎么老是这样，没过几天老毛病又犯了。你不是跟我保证要改正错误吗？你怎么又变了？"这些话是家庭教育的大忌。

从一个不好的行为习惯到一个好的行为习惯，一定是一个艰难的过程。这时家长不要急躁，要对孩子的进步给予鼓励与肯定，学会耐心等待。只要家长坚持下去，随着时间的推移，孩子好的行为习惯就会越来越多，孩子不好的行为习惯就会越来越少。

02

第二章

如何提高孩子的学习成绩

这一章所列举的都是家长关心的学习问题，比如没兴趣学习、做作业拖拉、注意力不集中等。对于以上问题，笔者力求运用真实案例进行阐述，并为广大家长提供具体的解决办法。

家长在学习这一章时不要只盯着方法，还要掌握这些方法背后的理念。在解决孩子问题的过程中，家长一定要多思考。家长在关注孩子学习问题的同时，还要注重培养孩子良好的行为习惯。

学校教育的根本目的是培养一个人终生求知的学习习惯。如果只允许父母为孩子的学习做一件事，我认为是培养孩子每天阅读的习惯。阅读可以让孩子变得专注，阅读可以丰富孩子的思想，阅读可以让孩子积极向上，阅读可以影响孩子的一生。

第一节
如何培养孩子的学习兴趣

如何培养孩子的学习兴趣是一些家长特别关注的问题。让孩子在学习的过程中树立自信心和体验到成就感是培养孩子学习兴趣的一个方法。其中的关键词是自信和成就感。

喜欢学习的孩子大都感觉自己"能行"和"快乐",不喜欢学习的孩子大都感觉自己"不行"和"心烦"。其中的关键词是"感觉"。

学习原本是一件很有趣、很有意义的事情。不知道从什么时候开始,一些孩子出现了厌学的行为。孩了为什么会厌学呢?可能是因为孩子在学习上不断遭到打击,感受到挫败,产生了负面情绪,继而逃避学习。还可能是因为一些孩子没有在学习上获得成就感,自己的努力付出没有得到老师或家长的认可。

一、学习兴趣源自家长、老师的评价和态度

一些孩子厌学的情绪来自家长或老师的评价，而不只是成绩本身。如果家长或老师给孩子的评价是正面的，那么孩子的情绪体验是快乐的、积极的。如果家长或老师给孩子的评价是负面的，那么孩子的情绪体验是痛苦的、消极的。

培养孩子的学习兴趣是让孩子的学习成绩变得更好的关键要素。孩子对哪门课有兴趣，往往学得好哪门课。越学得好哪门课，孩子就越喜欢学哪门课。孩子对哪门课没兴趣，往往学不好哪门课。学得越不好，孩子就越不爱学。

一些孩子的学习兴趣来自家长或老师的正面评价。如果家长老说孩子哪门课学得不好，孩子就容易对哪门课丧失学习兴趣。如果家长总夸孩子哪门课学得好，孩子就容易对哪门课产生学习兴趣。孩子的学习成绩跟学习兴趣有一定的关系。孩子能否学得好，有没有学习兴趣，很多时候取决于外界对孩子的评价是否正面、积极。

孩子如果得到正面的、积极的评价，他就能够感受到学习的快乐，继而愿意学习，获得比较好的学习成绩。

孩子如果得到负面的、消极的评价，他就会感受到学习的痛苦，容易产生逃避学习的行为，变得不爱学习。

家长要让孩子保持好心情。自信心和成就感都会给孩子带来愉悦的情绪体验。

建议家长多鼓励、肯定孩子，少批评、指责孩子。孩子在学习上得到的肯定和鼓励越多，他的学习成绩就会越好。有的家长只在孩子考好时才鼓励孩子，这是不对的做法。孩子在考得不好时更需要家长

的鼓励，更需要家长的引导，更需要家长的肯定。当家长把鼓励做到位后，一些孩子会更快地变好。

家长给予孩子不同的引导方式和不同的评价，最终的效果也会不同。举个例子，假如孩子上次数学考试考了 85 分，这次数学考试却只考了 80 分，此时家长应该怎么办呢？在这里我给家长介绍一种方法，那就是用评价来改变孩子。

在孩子回家后，家长先不要责怪孩子，要学着接纳孩子，帮孩子找原因。家长可以看看孩子的数学试卷。我们经常会发现这样的现象：对于一些比较难的题目，孩子往往都做对了。而对于一些比较容易的题目，孩子却做错了。在遇到这种情况时，家长要帮助孩子找回自信心。先把数学试卷打开，家长和孩子一起分析数学试卷。一些家长在看数学试卷的时候，经常看不见孩子做对的题，总是盯着孩子做错的题，批评孩子不该做错。家长的批评更容易打击孩子的自信心。

家长应该先关注孩子做对的题。比如，家长发现孩子做对了最后两道大题，可以这样告诉孩子："这两道题这么难，你竟然都做对了，真厉害啊！"

听到家长这样说，孩子的情绪一般就能变好。孩子在情绪变好后，就容易听得进家长的话。孩子的成就感可以源自家长的鼓励。接下来，家长可以和孩子一起找找错题的原因。原因可能是抄错了答案、审错题了等等。找到错题的原因之后，家长再让孩子重新做一遍题。孩子重新做一遍题目以后，就会觉得自己不笨。家长还可以告诉孩子，只要在下次考试时再认真一点儿、专注一点儿，把会的题尽量做对，把不会的题尽量攻克，时间久了，学习成绩就会进步。

二、让孩子喜欢任课老师

如何快速提高孩子的学习成绩呢？有一个特别有效的方法，就是让任课老师喜欢孩子，或者让孩子喜欢任课老师。这样的话，孩子就能学好这门课。

我发现一个规律：孩子喜欢哪门课的老师，哪门课的学习成绩就相对好一些。哪门课的老师喜欢孩子，孩子哪门课的学习成绩也相对较好。家长要让孩子喜欢任课老师，或者让任课老师喜欢孩子。

我常讲一句话："教育是先改变自己能改变的，不要求别人做出改变。"作为家长的我们要先做到自己能做到的，不要求老师一定喜欢我们的孩子。按照常理来看，如果我们的孩子喜欢这个老师，那么这个老师一般也会喜欢我们的孩子。这个规律特别准确。一个小学数学成绩不怎么好的孩子，如果在上初中时遇到一个自己喜欢的数学老师，他一般就能学好数学。这就是"亲其师，信其道"的道理。为什么孩子喜欢哪门课的老师，一般就能学好哪门课呢？因为孩子喜欢这门课的老师，就更容易接受这个老师传授的知识。如何让孩子喜欢任课老师呢？家长要注意以下两点：

1. 不在孩子面前说老师的缺点

不管孩子回家后如何跟家长抱怨老师教得不好，家长听着就好，不要随声附和，不要强化老师的缺点。家长如果也说老师教得不好，就容易让孩子觉得这门课之所以学不好，不是因为自己不努力，而是因为老师教得不好。不要让孩子把自己学不好的责任推给老师。

2. 多和孩子讲讲老师的优点

家长要多收集老师的优点，在孩子抱怨老师时，给孩子讲讲老师的优点，并鼓励孩子自己去发现老师的优点，让孩子慢慢接纳、喜欢、欣赏老师。

三、提高孩子学习兴趣的三个步骤

不管孩子学习成绩如何，家长都要在心里接纳孩子，给孩子积极的、正面的评价（肯定和鼓励）和建议，让孩子树立自信心，从学习中获得成就感。为了提高孩子的学习兴趣，家长可以用以下三步：

第一步：接纳孩子

不管孩子学习成绩如何，家长都要接纳孩子。接纳就是尊重与理解。尊重代表平等。平等与理解是沟通的基础。家长要接纳孩子，心平气和地与孩子说话。如果家长不能接纳孩子，即使家长有世界上最好的学习方法，孩子也无法接受家长的指导。

接纳是教育的开始，这是非常关键的一点。一些家长一看到孩子表现不好，就控制不住自己的情绪，指责或打骂孩子，强化孩子的问题。这些家长这么做的原因之一是无法接纳孩子的行为表现。在家长的负面强化之下，一些孩子会变得越来越叛逆，越来越厌学。如果家长靠打骂强迫孩子学习，一些孩子表面上会屈服，但实际上不是真心地想学习。

家长靠打骂威胁孩子学习，会导致孩子厌学、丧失自信心，甚至会让孩子的心理扭曲。一个孩子如果连自信心都没有了，还能取得好成绩吗？如果家长能够接纳孩子，孩子就不会因为成绩不好而惧怕家长，放松心态后，就能慢慢地听从家长的教育。

家长不管接不接纳孩子不尽如人意的学习成绩，在短时间内都无法改变孩子学习不好的事实。家长如果不接纳孩子，就无法开展家庭教育。家长要想教育孩子，就应该先接纳孩子。

第二步：一起寻找孩子学习成绩不好的原因

肯定孩子现有的成绩与表现，相信孩子可以变得比现在更好。如果孩子的学习成绩不好，家长要和孩子一起寻找原因，不能胡乱打骂孩子。

几年前，我正在福州出差讲学，我妻子给我打电话说："成成不知道在干什么，这次语文考试考得非常不好……"

从电话里我就听出来了——我妻子很着急。

我说："你先不要着急。成成的语文成绩一直不错，不会一下子这么差的，这里面一定有原因。你先去找找原因，随时与我电话沟通。"

结果我妻子在帮成成洗衣服的时候发现了原因。由于我们没注意管理成成的零花钱，因此那段时间成成经常带着零花钱去学校，在上课时就想着下课去买零食吃，就不专心听讲了。解决成成的零花钱问题后，成成的学习成绩很快恢复到了原来的水平。

家长最好不要拿自己的孩子与别人家孩子做比较。这种比较具有伤害性，会打击孩子学习的积极性。成绩好坏是比较出来的，感觉好坏也是比较出来的。

"比较"二字容易让一些家长焦虑，因为这些家长只看到别人家孩子的优异表现，看不到自己家孩子身上的诸多优点。一些家长认为：不跟别人家孩子做比较，自己家的孩子就不知道上进。结果这些家长越比较，孩子越没自信；越比较，孩子越觉得自己不如他人；越比较，孩子越烦；越比较，孩子越叛逆，越与家长作对。想让孩子上进，家长需要多引导、多鼓励、多肯定孩子，少比较、少讥笑孩子。

一些老师会这样对家长说："每个孩子都不同，不要老拿自己家的孩子跟别人家孩子比。"一些老师也会对班里的学生做出评价：某某学生很听话，某某学生不听话；某某学生学习很认真，某某学生不好好听课；某某学生学习成绩一直很好，某某学生学习成绩一直不佳；某某学生爱看书，某某学生特好动；等等。老师了解每个学生的特点是一件好事。

如果家长经常对孩子说："这一次某某同学考了多少分，又得了第一名……"这样的语言会对那些名次略排在后面或好学的孩子有一定的激励作用，但会对那些名次排在最后面或厌学的孩子有一定的伤害性，甚至会让一些孩子丧失学习的积极性，放弃学习。所以，我希望家长能够换个角度来看待孩子的学习成绩，并对孩子的表现给予积极客观的评价。家长要把注意力放在寻找孩子学习成绩不好的原因上，关注孩子的学习意愿与能力，相信孩子能学好，不断肯定和鼓励孩子，对孩子进行有针对性的引导。

在孩子考得不好的时候，家长就可以对孩子说："不是你不想考好，你也想考好。你觉得这次没考好的原因是什么呢？"如果家长能说出这样的话，说明他已经接纳了孩子。在这种情况下，孩子一般就能坦然接受家长，并愿意和家长一起寻找考得不好的原因。

孩子自己总结的考得不好的原因，一般有两种：一种原因是粗心，将会做的题做错；另一种原因是不会做的题目较多。

家长可以对马虎的孩子说："你总结得很好。你只要在下次做题时再认真一点儿，就能比这一次考得好。如何才能做到不马虎呢？妈妈给你一个建议……"或者家长可以问孩子："你如果想提高学习成绩，应该怎么做呢？"当家长这样说话时，孩子一般能听得进去家长的引导和建议。孩子也会在家长的教育下变得更好。

家长还可以找一两道比较难的题让孩子做，鼓励孩子思考。孩子如果能把难题做出来，就会获得较强的成就感，产生继续努力的念头。"你看，你都能把这么难的一道题做对了，真棒！"这时如果家长再让孩子做一道简单的题，孩子就能一下子做出来，自信心油然而生。如此多次，孩子就愿意去改正自己的不足。自信的种子就会在孩子这里生根发芽。

家长可以通过语言引导，让孩子认识到自己的错误，并逐步改正自己的行为。这种语言引导不仅可以用在解决孩子的学习问题上，还可以用在解决孩子的不良行为问题上。要用好语言引导，有一个非常重要的前提，那就是家长与孩子有良好的亲子关系。家长在寻找孩子学习不好的原因时，不能把精力放在挑孩子错和责骂孩子上。只有找到原因，家长才能促使孩子进步，提高孩子的学习成绩。

家长要相信孩子能学好。家长的期待能给孩子力量与信心。如果家长不相信孩子能学好，那么孩子学不好的概率就会大一些。

在这里，我列出了家长应该信任孩子的两个原因：第一个原因是孩子不笨，家长没有理由不相信孩子；第二个原因是没有一个孩子不想学习成绩好，有时孩子需要家长的帮助。

信任孩子吧！信任会给孩子力量，信任会让孩子树立自信心。

第三步：帮助孩子树立自信心

帮助孩子找到学习的感觉，尝到学习好的甜头，树立自信心，获得成就感，是培养和提高孩子学习兴趣的重要方法。体验重于说教。

一个孩子能否在学习这件事上树立自信心、获得成就感，不仅取决于孩子学习成绩的好坏，还取决于施教者给孩子的评价好坏。

面对一个考 98 分的孩子时，如果家长只盯着孩子丢掉的 2 分，不断地指责孩子，那么孩子会觉得自己跟考 0 分一样挫败。面对一个考 70 分的孩子时，如果家长把注意力放在孩子做对的题目上，不断地肯定孩子做对了哪些难度高的题目，那么孩子会像考了 100 分一样振奋。

孩子对学习的感觉不仅是由学习成绩本身决定的，还是由外界对他的评价决定的。

事情的好坏取决于个人的看法，而不是事情本身。比如孩子在上次数学考试时只考了 73 分，但在这次数学考试时考了 86 分，尽管这个成绩在班上属于中等偏下，但老师在班上对孩子说了这么一句话："某某同学这次考试成绩比上次考试成绩提高了 13 分，进步很大，希望再接再厉。"孩子听完这句话后一定会非常开心。如果老师再要求其他同学为孩子鼓掌，孩子会更喜欢学习。

我儿子小的时候不喜欢做计算题，也不喜欢写汉字。相信很多家长遇到过类似的问题。我用"找感觉，尝甜头"的方法让儿子树立自信心，获得成就感，解决了儿子数学成绩差的问题。

有一天，当儿子成成放学回家后，我对他说："成成，你过来，我来教你做计算题。"由于儿子在学数学的道路上遭受过很多挫败，因此他很不情愿地走到我身边。

我笑着对儿子说："成成，来，今天我给你出题，你一定可以得 100 分。"儿子被这句话吸引了，充满了好奇，也带一点儿半信半疑。

我接着说："我出的题没有那么难。现在我出第一道题，保证你能做对。（进一步调动孩子的积极性。）第一道题是'1+1=？'。（先易后难，让孩子尝甜头，找到做题的感觉和快乐。）"儿子马上露出了笑容，并很快地说出了正确答案"2"。这时我对儿子说："看吧，成成，我说你一定能做对，你就一下子做对了。现在我出的第二道题是'1+2=？'。你再试试。"儿子做完第一道题后受到了鼓舞，兴奋地说出第二道题的正确答案。

"这么厉害，你又一下子做对了第二道题，再做一道题试试……"我先出简单的、孩子会做的题。孩子一次又一次地做对题，自信心越来越强。当我问5+2=？时，孩子稍微思考了一会儿就说出了正确答案。这时我用故作惊讶的口吻对孩子说："哇，不错啊，你把这几道题全做对了，100分呀！……"

受到表扬与肯定后，儿子就更有兴趣做计算题了。那一次儿子颇有兴致地做了36道计算题，只有一道计算题做错了。每做完一道题，儿子就催我出下一道题。第二天我一回到家，儿子就跑到我跟前，让我给他出计算题。半个月后，儿子的数学成绩有了明显的进步。

很多人觉得引导孩子学习很难。我认为：只要用对引导方法，其实一点儿都不难。我就是用"找感觉，尝甜头"的方法成功引导孩子喜欢学数学的。孩子每做对一道题，家长每鼓励孩子一次，都会让孩子体验到成就感。孩子做得越多，成功的体验就会越多，学习的兴趣也会随之提高。

对于基础差的孩子，家长出题的难度应先易后难，多让孩子做一些简单的题目，让孩子先尝到成功的甜头。孩子做多了简单的题目，自然能做难的题目。家长要逐渐培养孩子学习的兴趣，提高孩子学习的能力。

　　家长要去"悟"，学会转化和迁移，不能把方法学死，不能生搬硬套。家长不能只盯着具体的事例，还要看到事例背后的教育理念——让孩子找感觉、尝甜头，让孩子树立自信心、获得成就感。面对有问题的孩子时，家长具体应该怎么说、怎么做，都是从这个教育理念中衍生出来的。运用这一理念，家长可以帮孩子解决一些学习上的问题，比如不喜欢阅读、写作文、背英语单词、做应用题、学钢琴、学画画等。

　　这个理念的核心是家长让孩子找到"我能行"的感觉，让孩子感觉到自己的进步，让孩子树立自信心、体验到成就感。

　　我也是用这个理念解决我儿子不喜欢写字的问题的。儿子不喜欢写字没关系，我接受儿子。家长要记住：不要让孩子一次写很多个字。只写一个字时，大部分孩子愿意尝试。如果家长一下子让孩子写很多字，大部分孩子会出现畏难或逃避情绪。千里之行，始于足下。如果家长要求孩子一次走 5000 米，大部分孩子不愿意。家长可以先要求孩子走几步，孩子大都会很配合地完成家长的要求。一步又一步，家长和孩子边走边聊天，在不知不觉中，孩子就走完了 5000 米。这个道理同样适用于学习。

　　我问儿子："今天你学了哪些字，你能写一个字给爸爸看吗？"

　　儿子说："能！"他很快地写出了一个字。

　　我会用富有挑战性的口吻对儿子说："你这么快就写好了一个字。你能写出第一个字，还能写出第二个字吗？"

　　儿子说："能啊！"他很快就将第二个字写好了。随后，我又一步一步地鼓励、肯定儿子，并引导儿子写第三个字、第四个字……在不知不觉中，儿子就写了三十多个字。

我一直用这样的方法来引导儿子。儿子再也没有出现厌恶写字的情况。儿子上小学二年级时，还主动让我给他买钢笔字帖。

家长在引导孩子写字时，不要要求孩子一次写多少字，也不要要求孩子写多好。家长可以先要求孩子写第一个字，接着鼓励孩子写出第二个字、第三个字……爱上写字后，孩子写字多了，就能逐渐写出一手好字。

像走路一样，在孩子不会走路或走不好时，家长不要要求孩子一开始就走很长的一段路，可以先让孩子走第一步，然后走第二步、第三步……

千里之行，始于足下。故不积跬步，无以至千里；不积小流，无以成江海。不管路途有多长，都是由一步加另一步组成的，只要前进一步，就会离目标更近一步。孩子写字也是如此。一些家长在孩子刚开始练习写字时就要求高标准。在孩子写得不好时，一些家长就让孩子擦掉重写或者指责孩子写得不好，打击孩子。结果，一些孩子在家长不恰当的教育方法下，变得越来越不想写字、怕写字，厌学也就此产生。

不同的教育方法和评价给孩子的感觉就会不同，产生的结果也会不同。

第二节
如何培养孩子学习的动力

如何培养孩子学习的动力呢？在这里，我将向家长们介绍以下四个步骤：

第一步：让孩子树立目标

要想让孩子有学习的动力，首先让孩子树立目标。孩子树立了学习的目标后，就容易有学习的动力。如何让孩子树立目标呢？可以将目标分为两种：一种是长期目标；另一种是短期目标。

1. 长期目标

孩子在上初中时，就明确要考上哪所高中；孩子在上高中时，就立志考上哪所大学。这些都是孩子追求的长期目标。如何实现目标呢？

俗话说："近朱者赤，近墨者黑。"让我们的孩子跟更优秀的孩子在一起相处，让更优秀的孩子潜移默化地影响我们的孩子。

家长还可以带孩子参观名校，让孩子树立考上名校的目标。一些学校的墙壁上面也贴了很多国内外高校的简介，为的就是让孩子从小受到名校的熏陶，树立远大的目标。家长经常跟孩子讲做人要有追求、有目标、有理想，这也会对孩子有一定的影响力。

2. 短期目标

家长如果想让孩子更加有兴趣、有动力去做某一件事情，最好先让孩子树立一个比较容易达到的短期目标。

举个例子：如果让孩子毫不停歇地走很远的路，孩子往往不愿意走。如果让孩子走上一段路，休息一下，再走上一段路，这样孩子就愿意走下去。千里之行，始于足下。再远的路都需要人一步步地走出来。只要孩子愿意踏出第一步，他就可以走到更远的地方。

如何树立短期的目标呢？比如孩子的学习成绩在班上属于中等水平，家长就可以建议孩子在下次考试时提高几分。孩子往往容易达到这样的短期目标。

不宜把短期目标设定得太高，要让孩子够得着、能完成，这样的短期目标能让孩子产生动力。家长可以让孩子做一个具体的计划，引导孩子每天都付出努力。

第二步：给孩子正面的评价

一些孩子的学习兴趣不仅与学习成绩有关，还与外界的评价有关。如果老师或家长对孩子的评价是正面的、积极的、肯定的，即使那些学习成绩不好的孩子，也有动力去学习，愿意去学习。

给孩子正面的评价，就是向孩子暗示他是一个很棒的孩子，从而增强孩子的自信心。相反，打击孩子，会让孩子得到一些负面暗示，从而让孩子丧失自信心。只要老师或家长积极地看待孩子的行为，用正面的评价影响孩子，孩子就肯定会有进步。

第三步：帮孩子找到适合的学习方法

家长除了多鼓励和肯定孩子以外，还要帮孩子找到适合的学习方法，让孩子的学习成绩确实有所进步。当孩子有了学习的动力后，学习的状态就会变得不一样。

第四步：让孩子学会主动问老师或同学问题

孩子在学习上遇到难题的时候，可以去问老师或同学，时间久了，学习成绩就会有进步。家长要让孩子明白，一定不要堆积学习的问题，要主动向老师或同学请教。如果孩子经常问老师问题，老师会对孩子的变化感到惊奇，并对孩子产生好感，就会不自觉地和孩子多互动。

如果孩子开始主动学习，孩子的学习效率就会提高，时间久了，孩子的学习成绩也会得到提高。学习成绩提高后，一些孩子就会获得成就感，学习的动力就会更足。

第三节
让孩子爱上阅读的三条途经

　　培养孩子的阅读兴趣和良好的阅读能力是提高学习能力的重要途径。如今，老师比以往更加重视学生阅读能力的培养。阅读能给孩子带来三个好处：

　　第一个好处是阅读能提高孩子对文字的理解能力。理解能力是学习任何学科的基础能力。孩子的理解能力越强，自学能力和学习效率就越高。阅读是学习的基础，也是学习的关键。没有足够的阅读量和丰富生活体验的学生是不可能写出好作文的。

　　第二个好处是阅读能增加孩子的知识量，提高孩子的求知欲。喜欢阅读的孩子，往往求知欲很强，会觉得自己知道的知识太少了。越是不喜欢看书的孩子越觉得自己懂很多知识。

　　第三个好处是喜欢阅读的孩子往往坐得住、静得下来，具有较强的专注力。如何让孩子爱上阅读呢？一般有以下三条途径：

一、多买一些孩子喜欢的书，并引导孩子看相关的书

大部分家长会给孩子买与学习有关的书。事实证明，在孩子缺乏阅读兴趣的情况下，这类书不但无法提高孩子的学习成绩，还会令孩子厌学。

家长要买孩子喜欢阅读的书，这样孩子才会愿意看、喜欢看。我儿子小时候喜欢看关于奥特曼或恐龙的书。我就买这类书给儿子看，然后顺势引导儿子看相关的书，比如《十万个为什么》等。后来，我儿子又开始读各种名人传记或科普读物等。

二、为孩子营造良好的阅读环境

家长要先为孩子营造一个良好的阅读环境，不替孩子选择要阅读的书，也不管孩子能记住多少内容。随着时间的推移，一些孩子会自然而然地爱上阅读。

建议家长每个月拿出一笔钱为孩子买书。在不知不觉中，家里就会有很多书籍，这是一笔不小的精神财富。孩子就从这些课外书中汲取知识。如果孩子的知识量大，阅读能力强，学习成绩自然就会提高。

一个没有书的家庭，就是孩子想读书，也无书可读。处在一个没有书的环境中，孩子就难以养成读书的习惯。

建议家长把书放在方便孩子随手可拿的地方，让书随处可见，比如把书放在沙发上、茶几上、餐桌上、床头柜上、书桌上、书橱上，还可以把书放在卫生间里。这样做让孩子不管走到哪里都能随手拿起一本书来读。过一段时间以后，家长可以把这些书调换一下位置。

总之，想让孩子喜欢读书，家长要陪孩子读书，并为孩子营造良

好的阅读环境。

三、做孩子的听众

　　家长可以适当假装"无知"，激发孩子求知的热情，让孩子有当小老师的渴望。家长多聆听和分享孩子的阅读感受，进一步提高孩子的阅读兴趣。当孩子确信可以与家长一起分享一些东西、家长又能认真聆听时，孩子就会主动阅读更多的书，获取更多的知识。

第四节
给幼儿读故事的技巧

3～6岁的孩子特别喜欢听故事。家长要引导孩子由听故事到讲故事，再到养成自主阅读的习惯。很多人觉得读故事是一件简单的事情，事实上这并不简单。会读故事的人很多，但能把故事读好的家长非常少。家长应该怎样为孩子读故事呢？我认为家长需要注意以下四点：

第一，语速不能太快，吐字要清晰

家长在给孩子读故事时语速不能太快，吐字要清晰，要变换形式和孩子一起读故事。声调尽量随故事的情节、人物发生相应的变化，有起伏节奏，让故事变得生动有趣。

第二，不能太功利，少考问孩子

家长不能一边给孩子读故事，一边问孩子有没有记住故事的内容。

一旦孩子答不上来，一些家长就不停地责问孩子。家长这样做容易让孩子失去阅读的兴趣。家长在给孩子读故事时要保持一颗平常心。只要孩子喜欢听，家长就坚持读给孩子听，不要怕重复。孩子每听一遍故事，就有不同的感受。听得次数越多，孩子就会对故事越熟悉。越熟悉的故事就越容易让孩子树立自信心。只要读得多、听得多，时间一久，孩子能读、能背的东西就会越来越多。

第三，和孩子一起阅读

家长可以和小一点儿的孩子一起阅读绘本，不要逐字逐句地讲述绘本的内容，可以引导孩子自己观察图画的内容，包括对图画细节的观察，用"对话式阅读"的方式帮助孩子理解绘本的内容。比如小猪害怕地躲起来了，家长可以问孩子"小猪躲在哪里了？"，将孩子的注意力吸引到绘本上面。家长多次为孩子读某本绘本后，可以试着让孩子讲一下绘本的内容，允许孩子自由发挥。家长这样做不仅可以培养孩子的语言组织能力，还能让孩子发挥想象力。

第四，在固定的时间给孩子读故事

家长在固定的时间给孩子读故事，更能调动孩子阅读的积极性。可以将这个阅读时间选在晚上临睡前。因为在晚上临睡前，孩子的情绪稳定，听故事的效果会更好。家长每天坚持在固定的时间给孩子读故事，会让孩子养成每天听故事的习惯。家长要多带孩子去书店或图书馆，让孩子挑选自己感兴趣的图书，让孩子畅游在知识的海洋里。

第五节
如何为孩子选择兴趣班

家长如何为孩子选择适合的兴趣班呢？现在，一些家长会给孩子报各种兴趣班，比如音乐、美术、体育之类的兴趣班。我认为，可以将家长报兴趣班的动机分为三种：第一种是家长想培养孩子学习之外的兴趣爱好；第二种是打发孩子的课外时间；第三种是家长的跟风心理，看别人的孩子学什么，就让自己的孩子也去学。前两种的动机是可取的，第三种的动机是不可取的。家长应结合孩子的需要和兴趣为孩子选择兴趣班，可以参考以下六个原则：

第一，选择孩子喜欢的兴趣班

家长为孩子选择兴趣班时，要参考一下孩子的兴趣，不能觉得孩子应该学什么，就让孩子学什么。如果孩子对兴趣班不感兴趣，兴趣班就会成为孩子的负担，导致孩子厌学。

如果孩子在兴趣班里很容易找到自信心和成就感，平时也愿意跟家长聊兴趣班的话题，那么家长就为孩子选对了兴趣班。

第二，根据孩子的需要选择兴趣班

家长还可以根据孩子的需要选择兴趣班。比如，家长可以为多动症的孩子选择感统训练班，为体质差的孩子选择游泳班，等等。一些生性胆小的孩子被人欺负时不知道还手，也不敢跟老师报告。家长就可以为这类孩子报跆拳道班。因为孩子在练跆拳道的过程中，会不自觉地形成防卫意识，提高胆量。

第三，带孩子实地考察兴趣班

带孩子一起试听兴趣班的课程，最好让孩子自己做决定。孩子要为自己选择的兴趣班承担责任。家长在缴费之前告诉孩子："这个兴趣班是你自己选择的，一旦报名，就要坚持学完……"为孩子提前打"预防针"，防止孩子中途放弃，让孩子为自己的决定负责。

儿子小时候想去参加画画培训班和游泳培训班。我和妻子都支持儿子去学。我们小区就有游泳馆。学画画的地方离我们家小区约500米，一周上三次课，一次课一个半小时。

报名时我对儿子说："你可以去学，但爸爸妈妈没时间。报名后，你要自己走路去上这些兴趣班。我可以送你两次，让你熟悉一下路线。"儿子说可以。我送了儿子两次后，儿子就确定地说自己认识路了。

当我们说到做到时，儿子也能说到做到。儿子不仅没有抱怨，还主动去上画画课，并将自己的画拿给我们欣赏。儿子的画得到了老师的肯定与表扬。

第四，不要以价格和距离为导向选择兴趣班

为孩子选择兴趣班时，不要以价格和距离为导向。知识能力的获得和习惯的培养比金钱更重要。如果有好的学习班或好的老师，就算孩子上兴趣班的地方离家远一点儿、费用多一点儿、父母多累一点儿也值得。

第五，先尝试，后取舍

我建议家长先广泛尝试各种兴趣班，再根据孩子的兴趣进行取舍，控制好兴趣班的数量和上课的时间，比如周末只上一天兴趣班，给孩子留一天自由支配的时间。不建议家长让孩子在周末两天都上兴趣班，以免让孩子过于劳累。

第六，父母鼓励孩子坚持下来

如果孩子对家长说"我不喜欢去上课了""老师教得不好""上课太没意思了"，这说明孩子想放弃了。此时，家长不能做随风草，要坚持原则，并对孩子说："只要报了，不管老师教得好不好，我们都要学完。"家长这样做的目的不是强迫孩子一定要从兴趣班上学到什么，而是不让孩子养成中途放弃的习惯。如果一遇到困难，孩子就想放弃，家长也默许孩子的决定，容易让孩子养成遇到困难就放弃的习惯，这比学不到知识更可怕。家长要让孩子明白能长期坚持做一件事比学习成绩更重要。

03

第三章

如何培养孩子良好的
学习习惯

良好的学习习惯有助于孩子提高学习效率，让孩子受益终生。父母是孩子的第一任老师。在日常生活中，父母要时刻把培养孩子良好的学习习惯放在首位，为孩子今后的学习打下良好的基础。

第一节
习惯是如何养成的

习惯支配行为。表现好是一种习惯，表现不好也是一种习惯。什么叫教育？简单一句话：教育就是培养良好的习惯。一个有好习惯的孩子就会有好的表现。一个有不良习惯的孩子就会问题多多。

什么叫习惯？习惯是如何形成的？习惯又是如何左右和影响孩子行为的？了解了这些问题的答案后，家长就会找到教育不好孩子的诸多原因，也能找到孩子的表现总是时好时坏的原因。

习惯能左右和影响一个人，并带有支配性。好习惯成就好孩子；坏习惯导致坏行为。一个人有什么样的习惯就会有什么样的行为，有什么样的习惯就会有什么样的命运。习惯就像一股绳，我们每天给它缠上新的一根线，用不了多久，它就会变得牢不可破。

人的一切天性和诺言，都不如习惯有力。重复成习惯，习惯成自然。如果一个人能从小养成好习惯，一生都会受益无穷。

什么叫习惯？《辞海》（第七版）对"习惯"的定义是：由于重复或多次练习而巩固下来并变成需要的行为方式。我们可以从习惯的定义中看出以下两点：

一是一种行为通过不断重复或多次练习巩固后就会形成习惯。

二是习惯养成的关键词：重复、练习、巩固。

习惯具有稳定性。习惯是养成的，也是可以改变的。

将一种行为重复 21 天，逐渐就会形成初步的习惯。重点是每天重复某种行为，而不是今天做，明天不做，不能"三天打鱼，两天晒网"。这种初步的习惯不稳定，表现时好时坏。习惯的形成是一个波浪式反复、螺旋式上升的过程：是由"不好"到开始"好"，几天后又回到以前的"不好"，再到"好"，又犯老毛病，引导纠正后又回到"好"，如此反复。持续一段时间后，不好的行为会越来越少，好的行为会越来越多，最后形成稳定的好习惯。一般来说，一个稳定习惯的养成需要 2～3 个月的时间。

一些家长在教育孩子时，总是今天这样做，明天那样做，没有一致的教育行为，导致孩子的表现时好时坏。面对一个喜欢哭闹的孩子，如果家长有时耐心哄他，有时又不理他，这种不一致的教育行为就很难纠正孩子爱哭闹的毛病。如果孩子的学习成绩好，一些家长就什么都满足孩子。如果孩子的学习成绩不好，一些家长就严厉地对待孩子。这种家长无法走进孩子的心里，也难以培养一个学习成绩稳定、爱学习的孩子。

习惯不是一日就可以形成的。如果孩子的习惯几天、几十天都没有明显变化，一些家长就开始放弃。有的家长用正面强化的方法也没让孩子养成良好的习惯。为什么会出现这种情况呢？我认为的原因是这些家长没有做到多次强化和不断重复。

在让孩子养成良好习惯的过程中，如果家长没有遵守以下这两个原则，再多的努力都是徒劳。

原则一：习惯的形成需要多次强化和不断重复，直至固化。

原则二：三分教育，七分等待。

家长如果用一种正确的、持续的、一致的行为去教育孩子，自然就会让孩子形成习惯。唯有用行动，才能让习惯成自然。

一些家长给孩子报了各种学习班、训练营，将改变孩子的希望寄托在专家身上。针对这一现象，我在此谈一下自己的看法。一些家长盲目地为孩子报各类学习班，追求速成，比如快速记忆、超级学习法之类的学习班。有的孩子在刚开始的时候会感觉这些方法很有用，可过一段时间之后就感觉这些方法没用了。是因为这些方法本身不科学，真的没有用吗？也许方法本身是科学的、可行的，但孩子没有每天使用这些方法，没有学会迁移，更没有养成一种习惯性的学习方式，以至于这些方法最终被孩子丢到脑后。

只有将一种有效的学习方法变成生活的一部分和习惯性的学习方式，孩子才能融会贯通，受益终生，否则，孩子学再多的方法、花再多的钱都是枉然。

前几年，有一个誉为"某某关系第一人"的教育专家在全国各地开办三天两夜的家长学习班、学生训练营，并在招生宣传页上说"3天改变你的孩子"。

有一年暑假，我应《温州商报》之邀前往温州做家庭教育讲座。

有一个妈妈为读初二的儿子报了三天两夜的学生训练营，听完我的讲座后，跑过来问我："何老师，这样的训练营有没有用，有没有必要参加？听说这个专家很有名……"

我说："多少总会有点儿用。如果你想让孩子经过三天训练就养成好习惯，有持续学习的动力，那么你会失望。这种课在成功学课程当中属于激励性质类或潜能开发类课程。一些孩子在训练营时会豪情万丈，下决心要好好学习。但训练营结束后，不用几天，一些孩子就会变回老样子。这种训练营就像打气球一样，帮孩子把气打得鼓鼓的，让孩子自我感觉良好，但不能帮孩子树立真正的自信心，更谈不上让孩子形成习惯。用不了多久，这个充满气体的球被人轻轻一碰就会破，孩子就会被打回原形。"

这位家长又着急地问："何老师，我已经报名交钱了，又不能退费，我还要不要让孩子参加呢？"

我说："如果退不了钱，那你就让孩子参加吧，你自己也可以学习一下，多少总会有用的。"

这个妈妈的孩子在训练营期间被老师激励得自信心爆棚。训练营结束几天后，这位妈妈对我说："何老师，真如你所说的，孩子在训练营时自信满满，下决心一定要好好学习，现在他又回到从前，还是老样子……"

本人无意诋毁举办类似培训班的专家，只是想通过上述的案例告诉大家一个基本的教育常识："任何习惯都不是一日或几日养成的，都要基于日积月累的重复与潜移默化才能形成，不会一蹴而就。"

家长如果懂得习惯形成的基本常识，日后就能在孩子的教育上面少花很多冤枉钱。对于一些快速记忆法、超级学习法、15 天给你孩子一个好习惯、3 天改变你的孩子等培训班或训练营，家长都可以避而远之。不能说这类课程一点儿用处都没有。但家长不能指望孩子参加完此类培训班或训练营后就会养成好习惯。好习惯的养成是一个长期的过程。

第二节
培养良好的学习习惯

在培养孩子良好学习习惯的过程中，家长可以用下面这张《良好学习习惯培养记录表》来监测孩子的变化，量化家庭教育的效果。如果孩子做到了表格中所列举的某一事项，家长就在相应的方格里打"√"；如果孩子没有做到表格中所列举的某一事项，家长就在相应的方格里打"△"。家长可以跟孩子一起填写记录表，但不要过度与孩子较真。只要孩子做到了某一事项，家长就可以在相应的方格里打上"√"，这样做会增强孩子的自信心。一周为孩子汇总表格一次，看看有多少个"√"和"△"。每周记录和汇总表格结果。坚持数周后，家庭教育的效果就会很明显。

良好学习习惯培养记录表

日期	自己收拾书包	主动做作业	认真审题	自己检查作业	复习	预习	阅读

　　记录和汇总表格的好处是家长能从中看到孩子的变化。将这一周的结果与上一周的结果做对比，如果"√"多了，"△"少了，说明孩子在进步；如果"√"少了，"△"多了，说明家长放松了对孩子学习习惯的培养，此时家长需要想办法来引导孩子做得更好。

　　家长可以在每周汇总表格后写一篇心得体会。通过查看自己的心得体会，家长可以看到自己的变化，增强教育孩子的自信心，不断反省和提醒自己，让自己知道接下来应该怎么做。

第三节
如何培养孩子的注意力

　　学习能力是指个体从事学习活动所需具备的心理特征，是顺利完成学习活动的各种能力的组合，包括注意力、记忆力、观察力、想象力、逻辑思维能力、语言表达能力等。注意力是指人的心理活动指向和集中于某种事物的能力。只有在良好注意力的基础上，其他的学习能力才能得到充分发挥。一个人如果没有良好的注意力，就很难有较强的学习能力。

　　通过研究发现，学习成绩好的学生与学习成绩差的学生之间差别之一是注意力的强弱。学习成绩好的学生能够集中注意力听讲，独立思考问题，认真做作业，能够自我约束，不让自己开小差。学习成绩差的学生注意力涣散，不能集中精力听讲，喜欢在上课时做各种小动作，有时貌似在听课，实则思绪早已离开了课堂。

　　"孩子心很散、坐不住、注意力不集中、静不下来，怎么办？"

很多家长提出过这样的问题。孩子可以靠后天的学习和训练提高注意力。许多家长希望借助外力改变孩子坐不住的毛病，比如给孩子报钢琴班、书法班、绘画班等，期望孩子静下心来，提高注意力。靠这些兴趣班能够解决孩子上课坐不住、注意力不集中的问题吗？难。我认为：只有找到孩子好动和注意力不集中的原因，家长才能帮助孩子提高注意力。

一、孩子好动的四种原因

好动和多动有本质区别：好动是一种特征，多动是一种病症。好动是行为问题，多动是身体问题。笔者总结了孩子好动的四个原因。针对这四个不同的原因，家长要用不同的方法来解决。

原因一：年龄小

相对来说，年龄越小的孩子越好奇、爱玩，越容易坐不住。随着年龄的增长，孩子的注意力会不断提高，直至表现得稳定。当孩子确实太好动，父母怀疑孩子患有多动症时，可带孩子到医院就诊。

原因二：孩子对学习缺乏兴趣

孩子对某个事物感兴趣的时候，通常能够保持较高的注意力。可以将注意力分为无意注意和有意注意两种。无意注意也称不随意注意，是没有预定目的、无须意志努力、不由自主地对一定事物所发生的注意。无意注意在个体出生时就已出现。在幼儿期，无意注意占据优势地位。有意注意是指事先有预定的目的，需要一定意志努力的注意，是一种积极的、主动的注意。

孩子如果喜欢某个老师或对某门课感兴趣，上课时就能坐得住。

对于有趣的事物，人们就会本能地专注。如果孩子对某个事物感兴趣，注意力就会高度集中。如果孩子对某个事物不感兴趣，注意力就不容易集中。

家长在教孩子写字时，也要培养孩子写字的兴趣。孩子对写字感兴趣后，才会愿意写字。有的孩子在刚开始学习写"田"字的时候，有时候"田"字上边会露出一点点头，写成了"由"；有时候"田"字下边露出一点点头，写成了"甲"。孩子刚写完一个"田"字，有的家长就发话了："你不能把这个字写出头的，把它擦掉！"孩子就将字擦了重新写。孩子刚写完一个字，有的家长就在旁边迫不及待地说："不是这么写的，你写的这个字下边又出头了……"孩子再将字擦掉重新写。有的家长经常这样打断孩子。只要孩子哪个字写得不好，一些家长就让孩子擦掉重写。擦掉几个字后，孩子就发脾气不写了。孩子怎么会高兴呢？孩子会想："我写一个字，妈妈就让我擦一个字，等于我一个字都没有写。哼，我不写了！"如此几次，孩子写字的积极性就被家长折腾没了。

我偶尔会教我儿子写一些常用字。但我儿子不喜欢写字，怎么办呢？有一次，我想让我儿子在写字本上写两行"田"字。

我就问我儿子："你会写'田'字吗？你写一个'田'字给爸爸看看……"虽然我想让儿子写两行"田"字，但我不会一开始就叫孩子写两行"田"字，我会先引导孩子写一个"田"字。

儿子说："我会写'田'字。"马上就写好了一个"田"字。我惊讶地说："哇，这么快就写好了！再写第二个，我看看……"要让孩子认为他自己很厉害。每当儿子写完一个"田"字，我就夸一句。

一会儿功夫，儿子就写好了一行"田"字。

在这一行字里面，有写得好的字，也有写得不规范的字。这时我就会在儿子写得好的字上做文章："成成，这个'田'字写得不错，写得很端正、很漂亮，你能再写一个这么好的'田'字吗？"

儿子说："可以呀！"

儿子一笔一画地写，很认真、很专注，将第二个端正的"田"字写出来后，接着写完了第三个、第四个"田"字，在不知不觉中，就又写好了一行标准的"田"字。那一次儿子写了三行"田"字，超额完成了我的要求。

先让孩子做一些简单的事情，然后找到孩子的亮点，着重表扬孩子做得好的部分，给孩子鼓劲打气，慢慢地培养孩子的兴趣。

原因三：孩子的情绪烦躁、亢奋

行为会受到情绪的影响。情绪不稳定是孩子好动的一个原因。任性或叛逆的孩子往往容易情绪激动，在学习时容易注意力不集中。

孩子在烦躁又无聊的时候，就无法保持心情平静。一些孩子在看奥特曼或者打怪兽之类的动画片时，会感觉很刺激、很过瘾，精神亢奋。一个人在精神亢奋的时候就会表现得好动和坐不住。

如果孩子对某件事情不感兴趣，家长又强迫孩子做，孩子就会烦躁，容易产生逆反的情绪。在不良情绪的影响下，不论学钢琴、书法、绘画，还是学国际象棋，孩子都很难集中注意力，无法深入学习。虽然学钢琴可以培养孩子的注意力，但是孩子如果没兴趣学、讨厌学钢琴，就培养不了注意力，甚至会变得更加烦躁和逆反。

原因四：孩子缺乏意志力

意志力跟性格、身体素质等有关。如果孩子的情绪稳定，对某件事情感兴趣，那么意志力就成为维持注意力的关键因素。有较强意志力的孩子，注意力持续的时间较长。一些农村的孩子在干体力活的同时锻炼了自己的身体，也经受了很多挫折，他表现出来的意志力就强一些。

培养注意力的第一步是让孩子有良好的心理状态。培养注意力的第二步是培养孩子的兴趣，让有意思的事情吸引孩子。如果一件事情能够吸引孩子，孩子自然就会专注起来，也能保持安静。孩子的心静下来后，心理状态稳定，就能集中注意力。

幼儿园里有一位小朋友叫小小，她是一个女孩，极其好动，精力充沛，她都不能安静地待一分钟，一刻不停地折腾，连她的父母都认为她有多动症。和小小同龄的小朋友一天能认好几张字卡，她一天也认不了一张字卡。

对小小的教育，我们采取的是"疏而不堵"的方式，让小小自由地活动，并逐渐培养小小做一些她自己感兴趣的事。一个老师专门带着小小。我们做的第一件事是稳定小小的情绪，不强迫小小。小小要想玩儿，我们就让她玩一会儿。小小要想学知识，我们就让她学一学。我们做的第二件事是着手培养小小阅读的兴趣，为小小讲故事，偶尔让小小学习字卡。两个多月后，小小开始有了变化，能够安静一会儿了。半年后，小小的爸爸高兴地说："小小的变化非常大，每天不停折腾的现象消失了，在家不看电视，还能静下心来听故事……"如今5岁的小小，不仅注意力集中，还能独立阅读各种儿童读物。

在日常生活中,有的孩子会像小猴子一样地上蹿下跳,折腾个不停。很多家长认为这是因为孩子高兴。其实这不是因为孩子高兴,而是因为孩子情绪亢奋或无聊。一个人,只要内心是充实的,做自己喜欢的事,就不会感到无聊。喜欢读书的孩子,只要能看书,他就会很安静地在知识的海洋里获得心灵的满足。

二、孩子上课注意力不集中的四种原因

可以将孩子上课注意力不集中的原因分为以下四种:

1. 孩子听不懂老师讲的内容。

2. 孩子已经掌握老师讲的内容。

3. 孩子因为听不懂老师讲的内容,所以很害怕老师提问,精神紧张。

4. 有的孩子确实坐不住,能够集中注意力的时间比较短。

三、家长不要轻易打断孩子

如果家长总是以各种理由打断孩子,孩子的注意力就会被破坏。有时孩子正在玩玩具、做游戏,正在兴头上,家长大叫"不要玩了",甚至把玩具一推,这种方式不利于孩子注意力的培养。家长不要轻易打断孩子。玩玩具也能培养孩子的注意力。

孩子可以通过做家务培养注意力。孩子在做家务活时,手在动,眼睛在看,手眼要时刻保持协调,时间久了也不易分心。孩子一旦分心走神,就会降低做家务的效率,导致失败。一些家务活做得好的孩子会产生本能的注意力。家长可以让幼小的孩子尝试做哪些家务活呢?可以让孩子自己穿脱衣物、整理收纳玩具等。

家长如果希望孩子能够集中注意力，就要少做一些事情。一些家长一向好为人师，一看见孩子做错事情，就会迫不及待地纠正孩子，以便让孩子少走弯路。事实上，家长这样做是错误的，因为经常打断孩子，容易影响孩子的注意力，挫伤孩子的学习兴趣与积极性。

四、如何测试孩子的注意力水平

"舒尔特方格"不仅可以用来测量注意力水平，而且是很好的注意力训练工具。如下图，我们可以自制一个5厘米*5厘米的表格。在表格内任意排列1～25的数字。

6	20	10	21	2
23	13	4	19	16
1	17	24	8	11
25	9	22	14	5
15	12	18	3	7

测试方法：用秒表计时，要求被测者按1～25的顺序依次快速指出数字所在的位置，同时诵读出声。施测者在一旁记录所用时间。数完这25个数字所用的时间越短，注意力的水平越高。为了使测试结果更加准确，可以用不同的"舒尔特方格"多次测量，计算出数一张"舒尔特方格"的平均时间T，再对照《5*5"舒尔特方格"评分标准对照表》进行评分。

5*5"舒尔特方格"评分标准对照表　　　　　　　　单位：秒

年龄	优秀	良好	中等	及格
5～6岁	T<30	30≤T<40	40≤T<48	48≤T<55
7～11岁	T<26	26≤T<32	32≤T<40	40≤T<45
12～17岁	T<16	16≤T<18	18≤T<23	23≤T<24
18岁以上	T<12	12≤T<16	16≤T<19	19≤T<20

需要提醒读者注意的是：一张"舒尔特方格"，最多只能测两次，因为反复测量会让测试者对表格产生记忆，从而让测试结果失准。如果需要反复测试，可另拿不同的"舒尔特方格"测试。在测试和训练注意力时，我们要遵循四个规则：集中注意力、眼睛看到、手指点到、读出声音。

五、注意力的五大特点及其训练方法

笔者认为注意力的五大特点包括集中性、持久性、广度、转移性和稳定性。

（一）注意力的集中性

注意力的集中性是指注意的目标明确而且聚焦。上课不注意听讲说明注意力的集中性差，注意的方向发散。注意力集中性的练习方法：

A1练习：利用"舒尔特方格"，集中精力从1数到25，用秒表计时，时间越短越好。

A2练习：利用"舒尔特方格"，集中精力从25数到1，用秒表计时，时间越短越好。

A3 练习：利用"舒尔特方格"，集中精力数奇数，如 1，3，5，…
用秒表计时，时间越短越好。

A4 练习：利用"舒尔特方格"，集中精力数偶数，如 2，4，6，…
用秒表计时，时间越短越好。

（二）注意力的持久性

注意力的持久性是指注意力集中的时间长，能够保持长时间的专注。很多孩子在上课或做作业时坐不住，爱做小动作，静不下心来，说明注意力集中的时间短，注意力的持久性差。

注意力持久性的练习方法：

B 练习：利用"舒尔特方格"，从 1 数到 25，或做 A1，A2，A3，A4 练习，集中时间与精力练 5 分钟，看 5 分钟能数多少张"舒尔特方格"。每次只练 5 分钟，还想再练的话，停几分钟后再练习 5 分钟。

（三）注意力的广度

注意力的广度也叫注意的范围，是指在同一时间内能清楚地把握对象的数量。

有的孩子阅读速度慢，往往说明注意力狭窄。有的孩子在阅读时能够一目十行，在相同的时间内阅读量是其他孩子的好几倍。飞行员要有良好的注意力广度，必须在很短的时间内把驾驶舱里的多个仪表看一遍，并根据仪表上的内容做出判断。

注意力广度的练习方法：

C1 练习：利用"舒尔特方格"，每两个连续的数字一起数，如 1/2，3/4，5/6，…

C2 练习：利用"舒尔特方格"，每三个连续的数字一起数，如 1/2/3，4/5/6，7/8/9，…

这种方法既能练习注意力的广度，还能提高观察能力和瞬间的反应能力。

（四）注意力的转移性

注意力的转移性是指将注意的目标转移到另一个目标。注意力转移性差的孩子不容易把思维转过来，比如刚上完语文课，接着上数学课，孩子的思维还停留在上一节的语文课上，不能较快地转换到数学课上。

注意力转移性的练习方法：

D1 练习：将两张"舒尔特方格"放在一起同时数，如 1/1，2/2，3/3，…

D2 练习：将三张"舒尔特方格"放在一起同时数，如 1/1/1，2/2/2，3/3/3，…

（五）注意力的稳定性

注意力的稳定性是指能将注意力稳定地集中在一个目标上。如果孩子能将注意力集中在简单枯燥的事物上，说明注意力的稳定性高。因为简单枯燥的事物不容易让孩子保持注意力的稳定。孩子能看两三个小时的动画片并不代表注意力集中，也不代表注意力稳定。

注意力稳定性的练习方法：

盯点法：在一张白纸上点一个绿豆大小的黑点，让孩子拿起来，放在距眼睛数十厘米处进行盯视，不准眨眼，不准移动眼球，仔细观察这个黑点，看看能发现什么。

单独让孩子做这个练习可能有点儿枯燥，父母可与孩子一起练习，进行比赛，看谁盯的时间长。在比赛时，让孩子多赢几次，提高孩子练习的兴趣。

家长要让孩子循序渐进地进行练习，一开始只让孩子盯 2 分钟。如果孩子做到了，家长就给孩子鼓励。慢慢地将练习时间延长至 3 分钟、5 分钟、8 分钟等。只要孩子坚持做到了，家长就给孩子鼓励。即使孩子达不到要求，家长也不要打击孩子。家长可以根据孩子的情况，灵活应用此法。

第四节
孩子做作业拖拉，家长怎么办

孩子做作业拖拉是让很多家长头痛的问题。如何培养孩子高效完成作业的习惯呢？在这里，我提供两种方法，以便帮助家长解决孩子做作业拖拉的问题。

第一种方法："习惯培养加减法"

在孩子有良好表现的时候，家长用"加法"，不断强化和肯定孩子好的表现，让孩子养成好习惯；在孩子有不良表现的时候，家长用"减法"，不断弱化孩子的问题，让孩子体验到进步的快乐，从而纠正不良习惯。

我就是用正面强化的方法引导我儿子养成良好的做作业习惯的。

有一次我下班回到家，看到儿子在看书（以往这个时候儿子都在写作业），就问："成成，做完作业了吗？"

儿子淡定地说："没作业。"

我又问："你没作业吗？"

儿子说："哦，不是没作业，是我在学校里就做完了作业。"

我惊讶地问："真的吗？"

儿子说："真的，不信我拿给你看。下课后我没去玩，就在教室里把作业做完了。"

听到儿子这么说，我感觉教育儿子的机会来了，随即夸儿子说："真棒！你今天能在学校里写完了作业，明天也能在学校里写完作业吗？"

儿子说："能啊！"

我对儿子说："好的，那我就看你明天能不能在学校里就把作业写完哦。"

第二天，儿子果然又在学校里写完了作业。我又进一步强化儿子的这一行为："你今天又在学校里写完了作业，成成。那你是否可以每天都在学校里写完作业呢？"

儿子说："可以啊！"

针对一个偶然性的行为，我抓住教育的时机，不断强化儿子"在学校里写完作业"的行为，让儿子养成在学校里做完作业的习惯。一学期结束时，儿子荣获了"三好学生"的称号。这就是教育的魅力所在：如果家长抓住了好的教育时机，又引导得法，重复几次，孩子就会养成良好的行为习惯。

下面我们再以孩子做作业拖拉为例来解析"习惯培养加减法"的妙用。

闵闵做作业特别慢，一般需要30多分钟就能完成的作业，她要

60多分钟才能做完。面对这样的孩子，家长应该怎么办呢？

家长可以这样对孩子说："闵闵，你以前需要60多分钟才能做完作业，今天让我看看你能不能比昨天提前3分钟做完。"在孩子做作业时，家长可以在旁边提醒孩子："时间快到了。"或者家长可以告诉孩子："你自己看着表，看看你能否比昨天提前3分钟完成作业，看看你最快要多长时间做完作业。"在家长的提醒、督促下，孩子一般能比以前提前完成作业，有的还会比以前提前十几分钟完成作业，超出家长的预期。

之后，家长可以对孩子说："闵闵，你今天比昨天做作业的速度快多了，我还以为你一直这么慢、做不快呢。看看明天你是不是也能快速地完成作业，看看明天你能不能比今天再快3分钟（把孩子做作业的时间不断减下来）。你如果能做到，那真是太厉害了。"

大多数孩子在这样的激励与挑战下能比以往做得更快。一些孩子之所以做作业慢，不是因为没能力，而是因为习惯了做作业拖拉。只要孩子稍一专注，做作业的速度就会提升。家长可以不断鼓励和刺激孩子进步，让孩子在做作业的过程中找到不拖拉的感觉，养成高效完成作业的习惯。

注意事项：家长给孩子定的小目标要让孩子稍稍努力一点点就能够完成，千万不要给孩子定太高的目标。这一点很关键。让孩子稍微努力一点儿就能达到目标，能让孩子找到做作业不拖拉的感觉，能帮孩子树立学习的自信心。

家长用"减法"，一步一步来，不断地把孩子做作业的时间减下来。

家长用"加法"，不断鼓励和肯定孩子的表现，让孩子找到高效完成作业的感觉。

如果家长能把学习与玩结合起来，孩子就会更有兴趣把作业尽快做完。

如果我儿子今天完成作业的时间比以往快 5 分钟，我就会借此机会出道题给儿子做，并对儿子说："成成，我出道题给你做。假设你每天晚上有 60 分钟的时间，其中做作业 30 分钟，玩 30 分钟。假如今天你做作业用了 25 分钟，那么今天你玩的时间是多少？ 60-25 等于多少？"儿子算了一下跟我说："今天玩的时间是 35 分钟，比以前多了 5 分钟。"我又跟儿子说："你有没有发现，你完成作业所用的时间越短，你玩的时间就越多？"儿子说："是呀，我怎么没想到呢？"

玩，不仅能释放孩子的天性，也是对孩子特别好的奖励。当孩子体验到高效完成作业的好处后，做作业的积极性就会提高。这种体验式教育跟说教的方式差别很大。没有良好情绪体验的说教是枯燥乏味的。家长不要把精力放在空洞的说教上，而应该把精力放在孩子的成长体验上。

可以将"习惯培养加减法"用在解决孩子的行为问题或学习问题上，比如孩子吃饭慢、喜欢攻击别人、不爱劳动、不主动学习等。面对一个不爱跟别人说话的孩子时，家长一旦发现孩子跟别人说话了，还聊得很开心，就可以用"加法"来强化孩子这种好的行为。受到家长的激励后，孩子就会更有信心与别人交往。家长若想纠正孩子的不良习惯，就可以试试"习惯培养加减法"。

第二种方法："习惯培养三步法"

很多孩子之所以做作业慢，是因为不专心做作业，边做边玩，没有养成良好的做作业习惯。家长如果没有及时引导孩子养成良好的做作业习惯，就会影响孩子以后的学习，甚至会让孩子养成应付作业的习惯。由此可见，良好学习习惯的培养越早越好。

一些家长打电话问我："孩子做作业慢，边做边玩，拖拖拉拉，20多分钟就能完成的作业，他1个多小时都做不完。我应该怎么办呢？"针对这一现象，家长可以采用"习惯培养三步法"。

第一步：参与孩子的学习，陪孩子一起做。家长参与孩子的学习，不是帮孩子做作业或监督孩子写作业，而是像孩子身后的助推器一样，激励孩子高效地完成作业。

例如，每当孩子做完一道数学题时，家长就用鼓励的口气对孩子说："哇，这么快就做好了，真快！你还能快速地做完第二道题吗？"孩子得到家长的鼓励后，就会有信心去做第二道题。当孩子快速地将第二道题做出来后，家长可以说："你这么快就把第二道题做好了！接下来我们看看第三道题……"这样做能让孩子获得持续的成就感。

当家长参与孩子的学习时，孩子做小动作、开小差的问题就会减少，做作业的效率和准确率也会比以往提高很多。没有良好的做作业习惯的孩子，在独自做作业的过程中，就会不知不觉地被坏习惯所左右。

写到这里，一些家长就提出了疑问："这不就是家长陪孩子做作业吗？那以后家长不陪着孩子写作业了怎么办？"家长不用担心这一点，"习惯培养三步法"中的第二步和第三步就能解决家长的担忧。第一步要求家长每天都陪着孩子做作业。一段时间后，孩子就逐渐养成高效做作业的习惯。当孩子养成良好的做作业习惯后，即使家长偶尔不陪着孩子做作业，孩子也一样能高效完成作业。这时候家长就可以使用"习惯培养三步法"的第二步。如果家长一直不放手让孩子自己做作业，孩子就会养成依赖家长的习惯。

第二步：开始放手，尝试让孩子自己做。家长在陪孩子写作业一段时间后，就要开始放手，尝试让孩子独自做作业，可以对孩子说："妈妈在你身边的时候，你可以很快地做完作业。妈妈今天不在你身边，你能不能高效地完成作业呢？"然后家长就走开。在孩子有了高效完成作业的体验后，即使家长不再陪着孩子写作业，孩子也能高效地完成作业，还可能更高效。有了第一次的尝试后，就会有第二次、第三次、第四次……

当孩子开小差的时候，家长稍微提醒孩子一下，引导孩子把注意力重新放在作业上。如此多次，孩子就能慢慢地养成高效完成作业的习惯。

第三步：完全放手，让孩子自己做。家长每天引导孩子集中注意力写作业。一旦孩子养成高效完成作业的习惯后，就算家长不陪伴孩子写作业，孩子一样可以高效地完成作业。

家长好好利用"习惯培养三步法"，让孩子改掉做作业拖拉的毛病。

一位杭州的家长反映：她家孩子原来每天晚上十点以后才能完成作业。自从这位家长用了"习惯培养三步法"一段时间以后，她家孩子就能在吃晚饭前完成作业。

如果孩子写作业慢是因为写字慢，那么家长可以让孩子每天练习写字。通过这样的练习，孩子写字的速度就会提高，写字的速度快了，写作业的速度也会相应加快。大家可以试一试。

　　"习惯培养三步法"不仅可以解决写作业拖拉的问题，还可以解决多种习惯的培养问题，比如阅读的习惯、刷牙的习惯、运动的习惯等，对低龄的孩子尤其管用。与其说"培养"孩子的习惯，不如说"陪养"孩子的习惯，因为大多数孩子好习惯的养成需要家长的"陪伴和参与"。

第五节
如何帮助孩子克服粗心、马虎的毛病

有的孩子在做题时容易出错，在考试时就连平时会做的题也没做对，原因往往是孩子粗心、马虎。如何帮助孩子克服粗心、马虎的毛病呢？如何提高孩子做题的正确率呢？

孩子粗心、马虎的原因包括审题不认真、书写不认真等。孩子一看题目觉得自己会做，就容易大意，没有仔细审题，没有看清楚题目要求就着急去做，再加上书写不认真，就容易写错答案。

可以通过以下三种方法来解决孩子粗心、马虎的问题。

方法一：培养孩子认真审题的习惯

一些孩子在做题时容易粗心、马虎，不是看不懂题意，就是看错题意。有的孩子看题就做，结果往往一做就错，就连最简单的题目，也照样做错。如果孩子能养成认真审题的习惯，做题的错误率就会降低，做题的准确率就会相应提高，自信心也会因此提高。

如何培养孩子认真审题的习惯呢？家长可以分四个步骤来做。

第一步：家长为孩子指读题目。家长为孩子指读题目的好处是：指读能吸引孩子的注意力，加强孩子对文字的识读能力。低龄儿童的识记能力特别强，经常用手指指着字读，就认识了很多没学过的汉字。时间一久，孩子就能自己读题了。

第二步：让孩子口头复述一遍题目。如果孩子还没理解清楚题目的意思，家长就可以放慢语速，再为孩子读一遍。让孩子口头复述题目，有助于孩子加深对题目的印象，正确理解题意，避免马虎，降低错误率，还有助于孩子培养口头复述的能力。

第三步：让孩子弄懂题意以后，再读一遍题目，然后开始做题。这样做能让孩子进一步加深对题目的印象，有助于孩子识记题目中的生字。可以把题目当成有趣的故事来读。读多了，孩子就认识了很多字。当孩子弄不懂题目时，家长可以引导孩子再多读几遍题目。当孩子理解题意后，家长一定要积极肯定孩子的表现与进步。一般来说，只要基础不太差，读过几遍题目后，孩子就能理解题意。

第四步：给孩子鼓劲，学会等待，并慢慢放手。在培养孩子认真审题习惯的过程中，家长一定要有耐心，等待孩子成长，同时不断地给孩子正面的鼓励。当孩子能自己读题和认真审题时，家长就开始慢慢放手，培养孩子独立做题的习惯，让孩子学会独立思考。

一些家长认为这样做耗费时间和精力，非常复杂，其实不然。家长在实际应用这四个步骤时，能够一气呵成。如果孩子能认真审题，粗心、马虎的问题就会减少，学习成绩也会提高。

方法二：提高孩子书写时的专注力

孩子明明算出的正确答案是 25，结果写出来的却是 15；明明算出的正确答案是 9，结果写出来的却是 8。这种现象在很多孩子身上都存在，大多是因为孩子在书写时缺乏专注力。如何提高孩子书写时的专注力呢？我来讲一讲具体的解决办法。

1. 家长要为孩子提供一个安静的学习环境，避免大吼大叫

家长要为孩子提供一个安静的学习环境，并且学会控制情绪，不要一看到孩子写错就大吼大叫，否则，孩子就容易紧张不安，生怕写错了挨家长的训斥。

2. 让孩子爱上写字

孩子如果能够写一手好字，就能让卷面变得很整洁、美观，可以起到加分的效果。如何让孩子喜欢上写字，如何让孩子写一手好字呢？家长可以按照以下两个步骤来做。

第一步：找到孩子写得比较好的字。家长暂且忽略孩子写得不好的字，不要马上纠正孩子，而要找到写得好的那个字，鼓励并夸奖孩子写得好。家长这样做可以放大孩子的优点，强化孩子写字好的习惯。孩子得到家长的鼓励以后，就会变得更有劲头，更有成就感，愿意继续写下去。有的家长一看到孩子写得不好的字，就要求孩子擦掉重写，这样会让孩子受到打击，反而不愿意再写了。

第二步：引导孩子再写出这么好的字。家长可以继续对孩子说："你写的这个字挺好的。你还能写出第二个这么好的字吗？"孩子得到了家长的鼓励和肯定，找到了成就感，就乐意继续写下去。

家长在刚开始教孩子写字时，别要求孩子写得多漂亮、多标准。

首先，要让孩子愿意动笔写。其次，孩子在刚开始学写字时，只要笔画正确就可以了。练习一段时间以后，再要求孩子写字漂亮。家长需要掌握好要求的顺序。孩子喜欢写字比写得好更重要，因为只有在喜欢写的基础上才有可能写得更好。

3. 用写数字法训练专注力

给孩子准备一张白纸，让孩子写完 1 ～ 100 的数字，从 1 开始写，一直写到 100，写得越快越好，错越少越好。当孩子有进步时，家长要适时地给孩子相应的奖励或鼓励。

家长在让孩子做以上训练时，先要求孩子保证准确率，再要求孩子保证速度，不要出错，要专注。写数字也可以起到训练孩子手眼协调能力的作用。长时间这样训练，能够提升孩子写字的速度，提高孩子的专注力。

方法三：教孩子检查作业

几年前，我在杭州某小学为家长授课，主题是"学习习惯的养成与专注力的培养"。家长们一边听我讲，一边做笔记，有很好的学习态度。我告诉家长："你在教育孩子时不能只有三分钟热度。学到一些知识，受到一些启发，你就要去实践并坚持下来。不会教、一时教不好都没有关系。关键是你要在不断改善自己教育方式的道路上坚持下来，终有一天你会有所成。"

没有人可以永远帮助你，只有你自己。

小学阶段成绩好的孩子未必有良好的学习习惯，但有良好学习习惯的孩子学习成绩终会好。好的学习习惯远比学习成绩更重要。如果家长能在小学二年级前(最好在一年级上学期)帮助孩子养成认真审题、阅读和复习等良好的学习习惯，那么孩子将来的学习成绩不会太差，教育也会因此事半功倍。

下面我来谈谈如何教孩子自己检查作业。自己检查作业是孩子养成独立学习习惯的一个标志。孩子不检查作业的表现是：做完作业后，将作业本一放，笔一扔，就去玩耍了。有的孩子自己不检查作业，而是让父母帮自己检查和订正作业。当妈妈叫孩子自己检查作业时，有的孩子也是敷衍了事，随便看一遍，然后又把作业本丢给妈妈："妈妈，我检查了，没有做错的题，你再帮我检查一下吧！"面对这种情况，家长不能直接订正孩子的错误，更不能直接教孩子做题，否则，时间一久，孩子的依赖性会越来越强，更不愿意自己检查作业。这样教育的结果是累了父母，害了孩子。家长不能长期代替孩子检查作业，要引导孩子自己检查作业。引导孩子自己检查作业有两种方式：自我负责法和降低目标法。

第一种方式：自我负责法。让孩子自己承担起学习的任务，自己负责任。在儿子的学习问题上，我很少插手，重在培养儿子独立自主学习的能力。

周末，儿子正在做数学题，对于一道题 $17+18=$ ？，他写出的答案是 25（忘记进位），不确定是否正确，于是问了我一句："爸爸，$17+18$ 是不是等于 25？"

在儿子问我的时候，我没有说话。家长可以观察一下：当孩子问家长答案，家长又不说话时，孩子会先看看家长，再看看这道题，反复多次做这两个动作。为什么会这样呢？因为孩子想通过家长的表情变化来判断自己的答案是否正确。如果家长笑一下，有的孩子就马上推测自己做对了这道题。如果家长脸色一沉，有的孩子就推测自己做错了这道题，需要改一改答案。孩子根据家长的表情最终把这道题做对了。时间一久，有的孩子在遇到难题时不会去琢磨题目本身，而会通过琢磨家长的表情来判断自己的答案是否正确。在考试时，孩子能通过老师的表情来判断自己答案的正误吗？当然不能啦！

　　在儿子问我的时候，我面无表情。儿子从我的脸上找不出答案，就着急了。于是儿子忍不住又问了我一句："爸爸，17+18 是不是等于 25？"

　　我反问儿子："你认为 17+18 等于 25 吗？"

　　儿子说："我认为等于 25。"

　　我说："那你认为等于 25 就等于 25。"

　　在我讲完了这句话以后，儿子还没有继续往下做题，他还是有些不确定。因为我以前几乎不告诉儿子题目的答案，而我这次竟然说了答案，他感觉有猫腻。于是儿子又问了我一句："爸爸，你就说吧，17+18 是不是等于 25！"儿子的语气在加重。

　　我也提高了音量对儿子说："你认为等于 25 吗？"

　　儿子说："我认为是！"

　　我说："你确定吗？"

　　儿子说："确定！"

　　最后我说："那你确定等于 25，就继续往下做吧！"

　　听完这句话后，儿子高兴了，接着就开始做后面的题目。

　　结果可想而知，儿子肯定做错了这道题。周一我下班一回到家，脸色不好的儿子就向我招手："爸爸，你过来，我有话跟你说。"

在我坐下来后，儿子说话了："爸爸，我上你当了。"我说："你上我什么当了？"

儿子说："昨天晚上我问你17+18=25吗，你说是。结果老师说我做错了，批评我了……"

这个时候，我既没有批评儿子，也没有向儿子道歉，而是不愠不火地对儿子说："成成，你不讲道理啊！我什么时候跟你说17+18=25啦？我问你确定吗，你说确定。那是你自己确定的答案，怎么是爸爸说的呢？"儿子仔细一想，还真是这么一回事，但他不愿意承认错误，扭头就走了。我也没理儿子。做作业是儿子自己的事，不能因为他自己做错了题，就赖我啊！

家长可以不帮孩子检查作业，有意让孩子做错题。孩子吃过几次亏以后，就开始学乖了，就会明白一句很重要的话——在学习的问题上，家长靠不住，还得靠自己。孩子一旦明白这个道理，就会学着自己解决遇到的学习问题。因为孩子知道："问家长没用。无论我的答案是否正确，家长都不会明确告诉我。如果我错了，老师就会批评我，家长不会受到批评。以后我就不问家长了，我自己仔细一点儿。即便我自己做错了，老师骂我，我也认了。"时间一久，孩子就会把写作业和检查作业当作自己的事，逐渐养成好的学习习惯。

也正是因为培养了儿子独立学习和承担责任的习惯，他不管自己学习好还是不好，从来不会怪我，也不会冲我发脾气。

第二种方式：降低目标法。将检查作业的范围缩小（把目标降低），让孩子能轻易找到错误，提高孩子检查作业的积极性。

如果 10 道题中有 3 道题是错的，孩子在检查错题时，就可能觉得有难度，积极性也不高。家长可以为孩子缩小检查错题的范围，比如圈出 3 道题，并告诉孩子在这 3 道题里面有 1 道题是错的。这时孩子检查错题的积极性就会相对高一点儿。如此这般，家长再圈出 3 道题让孩子检查。孩子获得了成就感，得到了家长的肯定，树立了自信以后，就愿意主动检查作业了。

在引导孩子自己检查作业的过程中，家长一定要不断肯定孩子的进步，再慢慢地放手，并对孩子说："当家长在你身边时，你能检查出来作业中的错误。当家长不在你身边时，你自己也能检查出来作业中的错误。"让孩子在自己检查作业的过程中体验到成就感，让孩子树立学习的自信心。家长要学会放手，大胆让孩子试错。孩子能主动承担学习的责任远比考高分更重要。家长可以通过培养孩子自己检查作业的习惯，让孩子承担学习的责任。家长要知道："对于孩子学习上的事，我们可以帮得了一时，但帮不了永久。到最后，学习永远要靠孩子自己。"

家长应重点培养孩子独立承担学习的责任，同时教会孩子分析与思考。形成解题思维后，孩子就能自己解决很多学习的难题。

第六节
孩子抄他人作业，家长怎么办

孩子抄他人作业是一种非常错误的行为。面对抄作业的孩子，一些家长就气不打一处来，不是苦口婆心地劝说，就是严厉责骂，沟通几次无效后就只能用"逼"和"打"了。这样的教育方式往往会引起孩子逆反，让孩子更加厌恶学习。我觉得家长没必要这么做，因为家长的打骂会给孩子带来身心的伤害，造成亲子关系紧张。面对抄作业的孩子，家长要冷静下来，多和孩子沟通，多和老师交流，平时细心观察，先找出孩子抄作业的真正原因，再对症下药。

一、孩子为什么会抄他人作业

孩子抄他人作业的原因一般是：不会做、不愿做、来不及做。面对抄作业的孩子，家长可以在脑海里多打几个问号："孩子为什么会这样？我该怎样帮助孩子？……"家长需要尝试找到解决问题的办法。

虽然孩子抄他人作业是一种不好的行为，但我们也要看到这一行为背后的积极因素。如果家长能这样考虑问题，心情就会变得平静，找到一个教育孩子的契机。我经常告诉家长，当孩子出现问题时要学会闭上嘴。一些家长虽然闭上了嘴巴，但是心里憋得难受，总有一天会变本加厉地发泄出来，这是因为这些家长没有学会换个角度看问题（也就是多思考，多给自己打问号）。家长如果能够发现孩子抄作业的原因和抄作业行为背后的积极因素，就会缓解自身急躁的情绪。

二、孩子抄他人作业背后的积极因素

1.孩子抄他人作业，说明他还是想学好。如果孩子不想学好，就不会抄他人作业，他会干脆不写作业。

2.孩子抄他人作业，说明他心里还是有老师或父母的。如果孩子根本不把老师或父母放在眼里，那么他根本不用抄他人作业。

如果家长能这样理解抄作业的孩子，又能在脑海里多打几个问号，认真思考"我该怎么帮助孩子？"时，家长的注意力就会集中在解决问题上，而不是只关注孩子的缺点和问题。不同的思考角度会有截然不同的结果。

如果老师或家长能用平和的口气询问孩子："其实你不是真正想抄同学作业，你还是想学好的。是不是因为你不会做一些题目，又怕完不成作业老师批评你？……"这些话能说到孩子的心窝里去。孩子的心门也会因为家长的这些话而打开。找到孩子抄他人作业的原因后，家长再针对原因引导孩子、鼓励孩子、帮助孩子。孩子的不良行为就会被慢慢淡化。父母要能理解孩子的内心，并给孩子持续向上的力量。

其实面对很多的教育问题时，有的家长只看到了一些表象，没有看到问题背后的原因。如果家长能从多个角度思考问题，换种方式来处理问题，家庭教育的效果就会好很多。

04

第四章

家长要教给孩子好的学习方法

如果孩子的学习成绩一直属于中等或者中等偏下，家长该怎么办呢？家长要永远相信孩子、爱护孩子，激发孩子学习的动力，给孩子全方位的支持。家长不仅要相信孩子，还要教给孩子好的学习方法。家长不仅要帮孩子改进学习方法，还要带领孩子做出改变。在学习成绩提高后，孩子自然就会变得自信了。

第一节
利用正面强化的方式提高孩子的记忆力

正面强化（积极的心理暗示）具有使人向上的力量，负面强化（消极的心理暗示）能打消人上进的念头。

种瓜得瓜，种豆得豆。在教育孩子的过程中，一些家长想要收获饱满诱人的果实，却在孩子的心里种下了"腐烂"的种子。当初手握一个宝，现在却还给社会一棵草。不是孩子们不想往上爬，而是一些家长的语言让他们不得不往下溜。

想要孩子动作快，家长却天天说孩子动作慢；想要孩子懂礼貌，家长却天天说孩子没礼貌；想要孩子努力上进，家长却天天说孩子懒惰；想要孩子聪明，家长却天天说孩子笨；想要孩子记忆力好，家长却天天说孩子记不牢；想要孩子胆子大，家长却天天说孩子是胆小鬼……

本想让孩子往上走，一些家长却使劲往下拉孩子。错误的教育方式会让教育的一切付出都是徒劳的，南辕北辙的结果也在情理之中。对于学过的知识，孩子一时想不起来，有的父母就会说孩子笨，记忆力不好。其实只要孩子的智力是正常的，孩子的记忆力就不会太差。如果孩子在学习的过程中不断受到施教者的负面强化，内心就会产生消极的心理暗示："我怎么老记不住。我是不是真的很笨啊？我的记忆力不好。"在不断怀疑自己的过程中，记忆力不好的念头就会占据孩子的大脑，从而导致孩子的记忆力下降。

一个总是怀疑自己的人是不可能树立自信心的。正面强化能给孩子积极的心理暗示，让孩子树立自信心，让孩子相信自己的记忆力水平在逐渐提高。

一、正面强化方式的实施步骤

第一步：接受孩子现在的表现，不要过度指责。

第二步：弱化孩子表现不好的行为。

第三步：多给孩子积极的评价，针对孩子做得好的行为给予正面强化。

如何运用正面强化（积极的心理暗示）的方式来提高孩子的记忆力呢？如果孩子记不住或记不牢，家长不要对孩子进行负面评价（指责），比如"你怎么老记不住、记不牢？你怎么这么笨？"等消极的语言暗示，而应该看到孩子表现好的方面，以此来强化孩子，让孩子找到"我能记住，我的记忆力越来越好"的感觉。

二、采用积极正面的语言

家长应该经常与孩子说以下这些积极正面的语言：

这个故事是我前几年给你讲的，都过去这么久了，你现在竟然还记得。

以前你一个小时只能记住几个单词，现在我发现你一个小时能记住十几个单词。你的记忆力越来越好了。

你以前总是记不住这个单词，现在你已经记住了这个单词。

你只看了一眼就记住了那个数学公式。

哇，你的记忆力真好！车速那么快，你只看了一眼就记住了车牌号。

你能把这么长的一篇课文背诵下来，而且一字不差，真了不起，你的记忆力真好！

你记不住整篇课文没关系，你先记一小段试试，你能记住的。

这一段文字很难记，不知道你是怎么记住的，真厉害！

你不是老忘记，你只是偶尔会忘记。你记住的东西远比你没记住的东西多。只要你努力一下，就能记住更多的知识。

孩子的记忆力会在积极的、肯定的语言中得到提高。在生活中，家长要随时随地给予孩子正面强化的机会，通过积极、正向的语言来让孩子树立"我能记住"的自信心。一旦孩子相信自己能记住，记忆的闸门就会被打开。记忆力是一种用进废退的能力。孩子记的知识越多，就越相信自己记得牢，越相信自己记得牢，就能记住越多的知识。

我不仅用正面强化的方法教育自己的孩子，还用正面强化的方法教育别人的孩子。

第二节
如何提高孩子的写作能力

现在，随着考试大纲对语文学习的要求越来越高、作文越来越重要的情况下，家长要重视培养孩子的写作能力，让孩子学会写作文。写好作文是每个孩子都需要做的一件事。家长要从小帮孩子练好写作的基本功，这将有助于孩子今后的学习和生活。写好作文，提高写作能力，不是一蹴而就的事情。我们可以通过以下方法提高写作能力。

1. 多阅读、多摘抄、多积累

写作能力的提升需要一个长期积累的过程。俗话说："读书破万卷，下笔如有神。"这句话说的就是阅读积累的效果。只有大量阅读，孩子才能将自己的所思、所感用准确而又深刻的语言表达出来，否则，孩子只会用一些干巴巴的语言表达。那些喜欢阅读的孩子，表达能力、思维能力都比较突出，作文成绩也较好。孩子需要大量而广泛的阅读，摘抄书中的好词、好句子，积累写作的素材，这样他在写作时能够得心应手。

2. 让孩子练习写作

我们在跟别人描述一件事情的时候，就是在用语言表达。写作就是把平时说的话变成书面语言表达出来。

从小学开始，每当听到孩子说一些很有深度的话时，我就帮他记录下来。尤其是当孩子有了自己的生活体验、学会分析思考以后，家长要多鼓励孩子表达，可以让孩子把自己的想法写下来。

3. 在优秀范文基础上的仿写修改

家长可以给孩子买一些作文选，让孩子读一读，再让孩子按照自己的经历或感受仿写。通过长时间的写作训练，孩子一定能写出一篇好作文。

第三节
如何让孩子打好英语基础

如何让孩子打下良好的英语基础呢？我给大家提供两个建议。

建议一：要让孩子多听英语

英语作为一门语言，是一种交流工具。要想让孩子学好英语，家长就要为孩子创造良好的语言环境。从孩子小的时候开始，家长就多让孩子听英语故事、儿歌等，培养英语的语感。

低年龄段的孩子对英语的辨识力强，如果能让他们多听英语，将有助于英语发音。

建议二：要让孩子过单词关

要想让孩子的英语成绩好，单词量一定要过关。平时可以让孩子养成一个习惯——把学过的单词记在一个小本子上。有空的时候，比如在睡觉之前或在早上起床之后，翻开小本子看一看，背几个英语单词。

为什么一些孩子学不好英语呢？那是因为他们没过英语单词关，听不懂英语单词，念不出来英语单词，也默写不出来英语单词。家长一定要让孩子过英语单词关。

英语和语文一样，都是语言学科，都需要考察阅读理解能力和写作水平，都需要大量的积累。家长要多让孩子听一些英语故事，多让孩子看一些英语动画片，还要让孩子经常用英语与他人对话交流。

第四节
如何提高数学成绩

很多家长片面地认为女生的文科成绩比较好、理科成绩不好，觉得女生没有男生的理科思维强。在这里，我要提醒家长走出这个误区，千万不要给孩子设限。一旦设限，一些孩子就会把自己学不好数学的原因归于天生的，放弃努力。

其实数学往往比英语和语文更容易提分。因为文科要靠长期积累，需要背诵的内容比较多。理科需要背诵的内容相对较少，重在逻辑思维，重在解题思路。孩子一旦懂了解题思路，就可以举一反三，触类旁通。即使题目变了花样，换了数字，改了故事，孩子也能做出来。

如何帮助孩子提高数学成绩呢？我给家长提供两个建议。

建议一：确保孩子掌握基础的数学运算、公式、定理

从小学开始，孩子要想学好数学，就需要掌握好两个基础。一是

要熟练掌握基础的数学运算。小学低年级的学生需要熟练掌握基础的数学运算，这样到了高年级以后才能快速、准确地解出方程式。二是要牢记公式、定理，这有助于数学学习。到了高中，有的孩子即使背会了公式、定理，也不一定会做题。这是因为题目变了花样以后，一些孩子就看不懂了。不管题型怎么变，数学的解题过程都是依据基本的公式、定理等，通过分析、推理得出结果。

凡是公式、定理，孩子都要熟记。熟记公式、定理的作用在于哪怕孩子没有算对最终结果，只要其中的一些解题步骤是对的，就能得步骤分。

建议二：把不懂的题目记下来，逐一攻克

对于某道数学题，孩子想了很长时间都做不出来时，一定要把这道题记下来，请教老师或数学成绩比较好的同学。老师或同学在帮助孩子解题的时候，通常会告诉孩子几个非常简单的步骤，使孩子茅塞顿开。

解数学题重在思路和推理。碰到难题时，孩子一定要多问，举一反三，触类旁通。

第五节
孩子学习成绩不好，怎么办

其实每个孩子都有状态不好或表现不好的时候。如果孩子的学习成绩一直属于中等或者中等偏下，家长应该怎么办呢？一些学习成绩不好的学生需要的不一定是补课，他们需要的是增强内心的力量，获得家长的支持。我有两个建议供家长参考。

第一个建议：相信孩子

家长要永远相信孩子、爱护孩子，激发孩子学习的动力，给孩子全方位的支持。一些学习成绩差的学生会怀疑自己笨，变得自卑，不敢面对同学、老师、家长，怕被同学嘲笑，怕被老师批评，怕被家长训斥不争气。为了供养孩子读书，大部分的家长非常辛苦地工作。而一些跟家长关系不好的孩子，甚至会顶撞家长。

家长要永远相信孩子，哪怕所有的老师、同学都看不起孩子，也要告诉孩子："没有关系，爸爸妈妈永远和你在一起，我们一起去面对。"

一些学习成绩不好的孩子并没有失去父母的爱，他们的内心还有爱，有爱就有力量。但少数学习成绩不好的孩子内心没有力量，因为他们的父母经常对他们冷嘲热讽。

说实话，我非常佩服那些学习成绩差、内心坚强的学生，因为他们过得很不容易，擅长忍耐。父母要给孩子无条件的爱和支持。父母如果能做到这一点，就能给孩子提供足够的力量，让孩子茁壮成长。

第二个建议：教给孩子好的学习方法

家长不仅要相信孩子，还要教给孩子好的学习方法，帮孩子改进学习方法。等学习成绩提高之后，孩子自然就会变得自信了。家长要带领孩子做出改变。有时方法的改变能让学习成绩迅速提高。

家长要在学习上教会孩子三件事：一是让孩子养成寻找问题和记录问题的习惯；二是要教会孩子自己解决遇到的困难；三是让孩子养成每天复习的习惯。

05

第五章

行为篇

有什么样的教育环境，孩子就会养成什么样的习惯。把财富留给孩子，家族可能富不过三代。如果把正确的教育理念留给孩子，家族代代皆能兴旺。如果家长好好地教育自己的孩子，那么将来这个孩子也能好好地教育自己的后代。

第一节
如何正确地比较孩子

　　一些父母在教育孩子时会说："你看，某某同学比你学习好，你怎么不向他学习呢？这次他考了 98 分，你考了多少分呢？你才考了 87 分……"这时孩子往往会拿比自己学习更差的同学来回应父母："某某同学比我学习更差，他才考了 83 分。"鲜有孩子会拿比自己强的同学做对比。一些父母对孩子比弱不比强的现象深有体会。为什么孩子会这样呢？

　　一些父母为了让孩子积极上进，喜欢拿自己的孩子和别人家孩子做横向比较，这种"比"会伤害孩子的自尊心。孩子自然会拿比他差的同学来维护自己的尊严（大部分孩子不愿意承认自己比别人差），这几乎成了孩子本能的反应。家长要慎用横向比较，多用纵向比较，让孩子意识到自己的进步。

　　会"比"能让孩子进步。正确的比较能让孩子变得积极上进。这种"比"是纵向的比较——拿现在的孩子与以前的孩子比，可以对孩子说："有进步，这次你干得不错！""哇，厉害！你能连续跳绳300下，了不起！""嘿，你这么快就把作业做完了，速度真快！""上次你考了83分，这次你考了87分，真棒！"这些都是鼓励性语言。父母尽量不使用横向比较，不要拿孩子的短处与别人的长处比。父母多用纵向比较，肯定孩子的进步。这样做一段时间以后，父母会发现孩子变得更上进。有的孩子会对父母说"某某同学比我更厉害""在你眼中，你认为我很好了，其实很多同学比我更厉害"等类似谦虚的话。

我儿子就是如此。在我的记忆中，我儿子几乎没有拿过比他弱的同学来回应我或搪塞我，他总是对我说："某某比我更厉害……"

儿子在课外老师的辅导下，学完了新概念英语的第一册和第二册，发音不错。我就会惊讶地对儿子说："你怎么学得这么快，发音也很准！"儿子就会说："赵天华（儿子的同学）早就学完新概念二了，崔老师的英语才真的好，我都是跟她学的。"

我儿子在7岁的时候，就可以一口气连续跳绳300多下。我就对儿子说："不会吧，你一口气能跳这么多下！"儿子对我说："我不算是最好的，千千（跟他同岁的女孩）一口气可以跳600多下。"过了不到20天，儿子就可以一口气连续跳绳1050下，比千千（798次）跳得多。

儿子跳级升入初中后，原本只会写日记的他竟然在一次考试中作文得了32分（满分40分），这让我很惊讶。我对儿子说："你作文能得32分，这相当不错了！"儿子对我说："32分还算高吗？我的同学施意写的作文是全校最好的，她每次写的作文都能得36分以上……"

　　在我的印象中，儿子从没拿过别人的短处来掩饰自己的不足。儿子即使不如别人，也从未屈服过别人，他总是积极进取、奋勇向前。这股向上的势头会因为父母的肯定而更加强劲。

　　如果你的孩子喜欢和比他弱、比他差的人比，你最好转换一下方式，多使用纵向比较，肯定孩子的表现。也许不久后，你就会听到孩子说："某某同学比我更强，某某同学比我考得更好……"你的孩子也会因为你的改变而变得更积极、更上进、更强大！

第二节
自己的事情自己做

对于自己的事情，孩子不会做，那是没有自理能力的表现。

对于自己的事情，孩子会做而不做，还要父母帮他做，那是依赖性强的表现。

如何培养孩子的自理能力呢？如何让孩子为自己的行为负责任呢？家长要让孩子从小就知道：自己的事情自己做。

孩子一定要牢记"自己的事情自己做"这句话。父母从孩子小的时候就开始锻炼孩子的自理能力。让孩子做家务，有助于培养孩子的自理能力。孩子可以通过做家务提升手眼协调能力，获得成就感，进而变得更自信、更勇敢。想要做好家务，孩子需要思考自己应该怎样做。不同的方法、步骤，会有不同的结果。孩子在做家务的过程中也会变得更理解父母，更体谅父母的忙碌与辛苦。

而一些父母会对孩子说："孩子，只要你把学习搞好，其他什么事都不用你管，其他什么事都不用你干。"我认为父母这样做不仅不是爱孩子，有时还在无形之中害了孩子。

从小教孩子自己的事情自己做，就是在教孩子做人做事。让孩子从小爱劳动，从小喜欢自己的事情自己做。模仿大人的动作，尝试做自己从未做过的事情，是孩子的天性。

对于自己的事情，孩子不会做或会做也不做，大多是因为父母剥夺了孩子尝试动手的机会。

孩子的成长与家长的教育密切相关。我们不能要求别人怎么对待我们的孩子。身为父母，我们应该教会孩子客观地看待人与事。

教孩子"自己的事情自己做"这句话时，不要只让孩子知道这句话和会说这句话，而要让孩子力行实践。

我儿子小时候跟着奶奶生活，直到 2 岁后才跟着我们生活。儿子刚由我们养育时，动不动就哭闹，不讲卫生，身体素质差，经常生病。儿子唯一的优点是：他在哭闹的时候从来不躺在地上撒泼打滚。

面对这样的儿子，我就是从"自己的事情自己做"教起的。我让儿子：从 2 岁开始自己吃饭；从 3 岁开始尝试用筷子吃饭，自己穿衣服；从 4 岁开始自己洗澡。在儿子 5 岁时，我又开始让儿子做各种家务，如帮大人盛饭、刷碗、扫地、擦鞋、洗袜子等。只要是儿子自己的事，他大都会自己做。儿子很愿意干活，也乐意帮别人做事。

一些家长认为孩子做家务会影响学习，其实不然。我儿子从小做各种家务，不仅没有影响学习，还养成了良好的学习习惯。良好的习惯是可以迁移的，尤其是独立自主的习惯。从儿子上小学以后，我几乎没有辅导过儿子写作业。我重在培养儿子良好的学习习惯。就连儿子的书包，我从没帮他收拾过。儿子一直能主动地完成老师布置的作业。即使我在上网或看电视，儿子也会去做自己该做的事。

等儿子做完作业之后，在不违背原则的前提下，我不会限制儿子，他想做什么就让他去做，可以画画、看书、看电视等。我也会鼓励儿子出去跟小朋友们玩，让儿子在玩耍中学会社交，让情商得到发展，为将来进入社会打下良好的基础。

第三节
如何培养孩子独立自主的能力

　　孩子大都愿意尝试去做自己不懂或不会的事情。不管做得好不好，说得对不对，孩子喜欢模仿大人做事和说话。出生不久的婴儿就会用手抓东西。当父母喂孩子吃饭时，有的孩子会抢勺子自己吃。看到大人用筷子吃饭时，有的孩子就开始尝试用筷子吃饭。看到大人扫地时，有的孩子也要拿扫把学着扫。看到大人拖地时，有的孩子也想拿拖把拖地。看到大人洗衣服时，有的孩子也想用小手搓搓衣服……

　　只要是没接触过、没尝试过的事物，孩子大都会出于好奇、好玩、好学和好动的天性模仿着做。孩子的成长是一个由非独立到独立的过程。孩子看到别人做什么，也想尝试着做。父母要给孩子尝试做事情的机会，多找事情让孩子做，让孩子从做事情中获得快乐、提高能力、获得肯定。孩子做得事情越多，越会产生"我会做很多事情"的自我肯定，树立自信心。

有的孩子之所以懒惰，多是因为父母溺爱孩子，事事帮助孩子，不给孩子动手的机会。孩子对各种未知的事情充满好奇。家庭教育应该顺应孩子好奇、好玩和好学的天性。对于一些年龄越大的孩子，父母越难培养他们独立自主的能力，因为他们已经习惯了"衣来伸手，饭来张口"的生活。

如何培养孩子独立自主的能力呢？如何让孩子"自己的事情自己做"呢？我举一个具体的事例来说明一下。有一天，我儿子看到我拿筷子吃饭，他说："爸爸，我能不能不用勺子吃饭，能不能像你一样也用筷子吃饭？"家长要记住：每当孩子主动想做某件事时，就是培养孩子自理能力的好时机。我主要是用三个步骤来让我儿子练习使用筷子的。

第一步：让孩子做

当儿子问我他能不能也用筷子吃饭时，我毫不犹豫地说："可以啊，让你试试。"说完我就给儿子一双筷子，这就是"让"。而一些父母剥夺了孩子尝试动手的机会，给孩子种下了懒惰的种子。当孩子有兴趣时，家长不让他试；当孩子想做时，家长不给孩子机会做。即便天生勤劳的孩子也会因此变得懒惰。

我有个原则："凡是安全的、健康的事情，不管孩子会不会做、做得好不好、需要多少时间，只要孩子想做，我都会让孩子尝试着做。"

第二步：教孩子做

儿子第一次用筷子，用不好，不一会儿，掉在桌子上的饭菜就比吃进肚子里的饭菜还要多。这时我一点儿也不怪儿子，还故作诧异地问儿子："唉，成成，你有没有发现，爸爸妈妈用筷子吃饭的时候几乎不会把饭菜掉在桌上，怎么你吃饭的时候就会到处掉饭菜呢？"

儿子看看我们，又看看掉落的饭菜，最后用好奇的眼神看着我。我看得出来儿子很想知道答案。

这时，我对儿子说："成成，因为你是第一次用筷子，还不会用，爸爸教你。"说完我就给儿子示范如何正确地使用筷子。儿子看了一会儿，说："爸爸，我会了。"我就继续让儿子自己练习使用筷子，这就是第二步的"教"。只要儿子有一点点进步，我就表扬他。

当孩子因为第一次做某件事情，做得不好或动作慢时，父母切记：不能因为孩子做不好、动作慢，就不让孩子做；不能斥责孩子，要多帮助孩子，鼓励孩子积极尝试。孩子在刚开始做一件事时，做不好是正常的。如果孩子第一次用筷子吃饭就一颗饭粒都不掉，那就不是一般孩子了。可是一些家长期望孩子第一次就做好，只有孩子第一次做得好时，才放心让孩子做。殊不知，没有重复练习，孩子基本不可能将一件事情做得非常好。

"你对孩子越放心，孩子就越让你安心；你对孩子越操心，将来孩子就越让你担心。"这句话在无数孩子的身上得到验证。

第三步：鼓励孩子做

只要孩子有一点点进步，我就会鼓励孩子："嗯，你做得真好！爸爸小时候还没你用筷子用得好呢！继续加油，多练习几次，你就会用筷子了！"有了他人的鼓励以后，孩子就会更乐意独立做事情。这时我会进一步强化孩子的行为，并提出期许："成成，就这样练习，下次吃饭时你就能像爸爸妈妈一样用筷子啦！"这就是第三步——鼓励孩子一直做、坚持做。孩子就能从进步的体验中增强自信，享受做事情的乐趣。

当孩子把饭菜撒得到处都是时，家长应该引导孩子自己收拾掉落的饭菜，不断地鼓励孩子，不要为孩子代劳，要让孩子为自己的行为负责任。

第四节
如何让孩子为自己的行为负责

当孩子把饭菜弄得到处都是时，家长让孩子自己收拾干净，这就是让孩子为自己的行为负责任。家长用打骂的手段来威逼、强迫孩子做某件事，这是不可取的。我觉得家长可以告诉孩子以下三句话：

1. 做错了事情后，你要自己承担责任，知错能改就是好孩子。

2. 好好想想，再遇到类似的事情时，你应该如何做。（如果孩子想不出来，家长可以告诉他如何做。）

3. 你要为自己的行为负责任，继续做下去。

在这方面，我觉得王晶（福建师范大学外国语学院院长助理，全国优秀家长代表）的教育方式非常好。在王晶的教育下，她的女儿黄思路被评为"全国十佳少先队员"，被宋庆龄基金会选入"中国少年榜"，她的亲笔签名被镌刻在上海儿童博物馆门前的石碑上，凭借优异的成绩和良好的综合素质被北京大学（北大）免试录取，从北大毕业以后，又继续留学深造。

王晶将自己的教育心得总结为三句话：一是"娇生不惯养"；二是"自作须自受"；三是"独立须自主"。王晶用这三句话解决了孩子哭闹、早上赖床、丢三落四等问题，效果特别好。王晶还特别注重实践教育，让孩子从日常生活中学知识、学做事、学智慧。我用王晶的教育方法教自己的孩子，也是非常有用的。

有一次，儿子早上起床洗漱、收拾完毕后，却发现小黄帽不见了。这时已经7点20分了。儿子如果再不走就要迟到了。7点40分上早读课。

我儿子一直在家里寻找小黄帽，其间一直没说话。我就问我儿子："成成，你在找什么？"

儿子说："小黄帽不见了。"

我说："就算找不到小黄帽也没关系，没有小黄帽也可以去上学啊！"

儿子说："不可以的。每天早上，我们学校都有五六个值日生站在校门口检查，凡是没戴红领巾或小黄帽的同学一律不准进入校园。"

我说："如果是这样的话，确实要找到小黄帽，你再找找。"

儿子实在找不到小黄帽了，就跑过来对我说："爸爸，我找不到小黄帽了，你能不能帮我找一找？不然我就迟到了。"

我说："成成，对不起，爸爸也无法帮你找到。小黄帽是你自己放的，你再找找，找到后再去上学。"

面对这种情况，不同的家长会有不同的反应：第一种家长，怕孩子迟到，赶紧帮孩子找；第二种家长，帮孩子一起寻找，依然找不到时，会主动送孩子去上学，并向老师说明情况；第三种家长，孩子自己弄丢的，让孩子自己找，不管孩子是否迟到，让孩子从自己的经历中得到教训、获得成长。第三种家长的数量非常少，我恰恰是其中之一。

儿子没办法，只得自己继续寻找。过了一会儿，儿子终于在床底下找到了小黄帽。原来儿子在玩耍的时候不小心把小黄帽甩进了床底下。找到小黄帽后，儿子兴奋地跑过来对我说："爸爸，我找到了，在床底下，但我弄不出来，你帮我弄出来吧！"

我平淡地说了一句："帽子是你自己弄进去的，你自己想办法把帽子弄出来。"再次让孩子自己解决问题。儿子就走开了，他还真有办法，手不够长，就用扫把将小黄帽扫出来。

在儿子寻找小黄帽期间，儿子的班主任给我打电话："你们家孩子为什么还没来上学呢？我在学校里没看见他。"

我说："他还没有去学校，因为他的小黄帽丢了，他正在家找着呢……"

儿子必然上学迟到了。在儿子下午放学回家后，我一点儿也没有责怪儿子，而是问儿子："成成，你今天上学迟到了吗？"

儿子说："迟到了，我到学校时第二节课都快下课了……"

我继续问："老师有没有批评你呀？"

他说："有。"

"老师是怎么批评你的？"

儿子回答说："当我到学校以后，老师没让我坐在座位上，他让我站在讲台上，一会儿就下课了……"

我好奇地问："那你站在讲台上的滋味好受吗？"

"不好受。"儿子说。

"那是什么滋味啊？"我问儿子。

儿子说："在讲台上站着，我感觉浑身都有蚂蚁在爬一样，痒痒的。"

"为什么呀？"我问儿子。

儿子继续描述道："我站在上面不敢看老师。其他同学都看着我。我不敢看其他同学，站在那里也不敢动，感觉身上很痒。"

我说："哦，那你知道下次应该怎么做了吗？"

儿子说知道了，然后他从抽屉里找了一个不干胶挂钩，让我帮他粘在他房间的门后。我对儿子说："嗯，做得真好！"从那以后，儿子每天放学回来后就把小黄帽和红领巾挂在挂钩上面。从此之后，儿子再也没有出现过满屋找小黄帽的情况。

在儿子找帽子的事情上，我采用的就是六个字——多想、少说、少做，丝毫没有怕儿子迟到，同时也做好了儿子因为迟到被老师批评的准备。我想让儿子从这件事中得到教训，省得他以后丢三落四。经过这件事后，儿子更加明白：自己的事情自己做，要为自己的行为负责。

再举一个例子：假如孩子理亏，还把同学打伤了，怎么办？要让孩子自己去面对，要让他为自己的错误行为买单。让孩子向受伤的同学赔礼道歉，承认自己的错误，并陪受伤的同学去医院治疗。孩子的亲身体验比他人说教千百遍更有用。

孩子有自尊，也要面子。受到他人批评后，孩子会感觉不好意思。其实孩子不戴小黄帽一样可以去上学，让孩子跟老师解释一下理由就没事了。但我没有这样做。我清楚地知道该如何利用这件事教育孩子，分清了什么重要、什么不重要。让孩子为自己的行为负责远比迟到一次更重要，这将会使孩子终身受益。

　　王晶曾说："如果家长不停地在事先提醒孩子，等孩子犯错后，一边责骂孩子，一边又千方百计地想办法帮孩子补救，那么最终结果是家长操碎了心，磨破了嘴，做多了事，孩子非但不感恩，还嫌家长烦。再遇到类似的事情时，孩子该做错的还做错，该忘的还忘。"

　　在教育孩子"自己的事情自己做"时，一些孩子会变得有些"自私"。当你叫孩子帮你做事时，他会告诉你"自己的事情自己做"，让你哑口无言。有一次我叫儿子帮我拿一下鞋子，儿子对我说："我不帮你拿。你不是说自己的事情自己做吗？"发现孩子出现这种情况后，家长要开始教孩子第二句话："你帮助别人，别人会快乐，你也会更快乐。"

　　我儿子现在不仅能做自己的事情，还能帮别人做事情。我能明显感觉到儿子懂事了。我很少帮儿子盛饭，偶尔帮儿子盛一次饭，儿子一定会打心底里对我说一声："谢谢！"当儿子帮我盛饭时，我也会对儿子说一声："谢谢！"受到他人帮助后，一定要表达感激之情。让孩子从小学会感恩，这正是家长要教给孩子的。

　　我在全国各地讲学期间，还发现了一个问题：一些父母或祖父母还在给六七岁的孩子喂饭。为什么还要给这么大的孩子喂饭呢？我认为：一是因为溺爱孩子；二是因为孩子不会自己吃饭或不肯自己吃饭。有一位家长在听完我的讲座后，对我说："我家孩子特别聪明，学习很好，可孩子现在都上小学三年级了，依然还要我喂他吃饭。除了让我喂以外，谁喂都不行，拿孩子一点儿办法都没有。"说着说着，这位家长就开始流眼泪。我认为这位家长怨不得孩子，要怨就怨他自己不懂教育、对孩子教育不当。真希望这样的事情不会发生在各位读者身上。

　　这位家长在听完我的讲座后，就下决心解决孩子吃饭的问题。只要知道孩子回家吃饭，这位家长就不回家。吃饭是一个人基本的生理需求。即便这位家长不回家，孩子也要吃饭啊！一周后，奇迹出现了，孩子再也没有出现不喂就不吃饭的情况了。

教育就是如此。你如果不按正确的方式去做、去坚持，长年累月后，只会烦恼、痛苦不堪。你如果真正下决心去做、去改变，就会发现，问题其实很简单，没有想象中的那么难。

教育孩子：一做人，二做事，三做学问。不靠天，不靠地，靠自己。一个从小什么事都不会做或不肯做的孩子，他长大后几乎是不可能勤劳肯干的。从小不让孩子吃苦，孩子将来就可能会受更多的苦。唐代诗人杜甫有一句诗："富贵必从勤苦得，男儿须读五车书。"

溺爱是一种裹了蜜的慢性毒药，越喝越甜，越久越毒。

有时看"溺爱"，像是真正的爱，对孩子却是长期的伤害。

有时看一种爱，像是一种"虐待"，对孩子却是真正的爱，是大爱。

一些孩子不争气，有这样或那样的不足，大多是由父母教育不当造成的。父母不应该怪孩子或恨孩子，而应该首先检讨自己，希望孩子不要用不当的教育方式影响他自己的下一代。

很多家长问我是怎么教育孩子的。我说："我从没想过要教孩子很多。我教一句，就做一句，争取教到位。教好一句话后，再教下一句话。一年只要教会孩子一句话就够了。等孩子大学毕业时，我要教完十二句话。如果孩子能将其中的五六句话做到位，我就觉得孩子已经非常不错了，很了不起。如果孩子能将这十二句话都做到位，那么未来他一定会取得成就、获得幸福。"我重视培养儿子的独立能力。儿子的表现让我欣喜万分，也让我非常感动。

第五节
什么是教育"五自"

教育"五自"是指：自我、自理、自信、自立和自强。

自我

什么叫"自我"？我就是我，我就是我自己，不是别人，别人不是我。一个从小就分得清自我和懂得自我的孩子，会让父母感觉轻松。

从孩子刚开始听得懂人说话或能看明白他人脸上的表情时，家长就应该开始教育孩子区分自我。一个能把自我分清楚的孩子，不但懂事，是非观强，还很容易具备自理能力。

家长可以对较小的孩子说："这是你的衣服，那是我的衣服。这是你的牙刷，那是我的牙刷。这是你吃的，那是我吃的……"

在孩子上幼儿园或小学的时候，家长就可以告诉孩子："这是你的书包，那是我用的包。这是你的书，那是我的书。学习是你的事，工作是我的事。这是别人的东西，不是你的东西。这是你的事，不是我的事。吃饭、刷牙、洗脸、洗澡、睡觉、学习是你自己的事情，你要做好自己的事……"

等孩子再大一点儿的时候，家长可以告诉孩子："这是你的决定和选择。如果你认为自己是对的，那么即使他人不认同，你也可以坚持自己的观点。不要受别人消极情绪的影响，你要时刻保持乐观，并以乐观的心态来影响别人。他是他，你是你。在你的身边，有好的同学，也有不好的同学。你要向好的同学学习，不要学习不好的同学……"

家长可以在不同的人生阶段告诉孩子："别人是别人，你是你，做好你自己。"一个能分清自我的人通常比较独立，有个性，不会轻易受到他人的影响。

自理

"自理"就是自己的事情自己做。自理是独立的开始。会自理，能独立。家长应该在孩子小的时候就培养孩子的自理能力，并逐渐让孩子养成自理的习惯，告诉孩子"自己的事情自己做"，让孩子从点滴生活的小事做起。家长要按照孩子的智力发展水平，从易到难，从简单到复杂，循序渐进地培养孩子的自理能力，比如先让孩子自己穿脱衣服、袜子、鞋子，让稍大一点儿的孩子学着洗自己的袜子，干一些力所能及的家务活。在培养孩子自理能力的过程中，家长可以运用多种手段在生活中培养孩子的自理能力，可以在模仿中培养，可以在与别人的竞争中培养，可以在鼓励和肯定中培养，等等。家长不断地鼓励和肯定孩子，帮孩子树立"我能行"的自信心，这样做有助于孩子更好地培养自理能力。

自信

"自信"就是对自己有信心，相信自己能，相信自己行。孩子一旦拥有了自信心，就能在不经意间解决原本比较难的问题，尝到成功的滋味。家长要怎么培养孩子的自信心呢？家长要真诚地爱孩子，尊重孩子，尽量地满足孩子的合理要求，决不轻易地打骂孩子。一旦孩子有了点滴进步，家长就要及时地表扬孩子。当孩子想要尝试时，家长要以支持的态度鼓励孩子尝试。当孩子害怕困难、想要退缩时，家长要鼓励孩子，并经常对孩子说："宝贝，不要怕，你可以试一试，相信自己一定行！就算失败了也没有关系呀！"

自立

"自立"是指自我独立，自己的事情自己做，不依靠别人，自己完成一件事，有自己的主见。家长该如何培养孩子的自立能力呢？给孩子独立成长的时间。孩子要自立，必须经过时间的历练，从一次次失败中，总结经验教训，逐渐从依赖到独立，最终获得成功。只有家长给足孩子时间，孩子才能品尝到自立的滋味。在孩子独立做事情的过程中，家长要确保孩子的安全。没有安全保障的独立是鲁莽。家长不能因为让孩子自立而降低安全要求。自立不是放纵。孩子的自立需要家长正确的引导。

自强

"自强"是指自己努力向上，自我勉励，奋发图强，不断提升和完善自我。"眼前多少难甘事，自古男儿当自强。""自强"是对未来充满希望、奋发向上的一种精神，是人类的一种美好品德，是孩子健康成长、努力学习的强大动力。孩子需要在充分认识自我、自理、自信、自立的基础上，积极进取，自强不息。强者不倒，行者无疆。什么叫强者？强者不是不倒，而是每一次倒下后都能很快地站起来，并有所作为。

总之，孩子如果选对人生的航向，发挥自己的特长，在人生的征途中自强不息，就能抵达成功的彼岸。

第六节
如何培养孩子的自信心

一个充满自信的人不但全身充满活力，做事充满干劲，而且说起话来富有感染力。一个没有自信的人，对待生活的态度是消极的；一个没有自信的人，一生都活在自己的阴影中；一个没有自信的人，觉得事事都不可能做成，他没有能力处理各种问题……

如何培养孩子的自信心呢？可以用以下两种方式：第一种方式是多鼓励和表扬孩子，这种自信来自他人、来自外界；第二种方式是让孩子自己面对困难和解决问题，让孩子从解决问题的过程中增强自信，这种自信来自自己，是内在的力量。

靠第一种方式获得的自信是不稳定的，很容易受外界的影响。一些孩子受到家长、老师等人的负面评价后，容易产生成绩下降、自卑等问题。单纯依赖别人的语言鼓励获得的自信就如同充满气的气球，经受不住挫折和打击，被人轻轻一碰就破了。

靠第二种方式获得的自信比较稳定，是一种长期的内驱力。这种自信来自自己，能让一个人坚定地相信自己。一些靠第二种方式获得自信的成功人士，即使受到轻视与嘲笑，也依然很努力地做事，解决一个又一个难题，做到了很多别人认为不可能或做不到的事，从而变得越来越好、越来越强。

一个人的自信如果来自自己而非他人，那么他人的负面评价就很难伤害到他。这种人之所以打不灭、打不垮，是因为这种人拥有强大的自信。自信是一种勇气。无论外界环境多么恶劣，自信的人都能给自己克服各种困难的力量。

多鼓励、表扬孩子

家长可以用鼓励、表扬的方式来增强孩子的自信心。当孩子做得好或有进步时，家长给孩子正面的强化和积极的肯定，慢慢强化孩子的良好表现。家长可以对孩子说"你真棒！""你真行！""你好厉害！""你又有进步了！""你进步好快呀！""你真了不起！"等积极正面的语言。家长的鼓励可以给孩子一些积极的心理暗示，让孩子认为自己是优秀的，让孩子认为自己一定可以战胜眼前的困难。当孩子遇到困难或挫折而不知所措时，家长的鼓励能让孩子找到前进的方向。

让孩子在解决问题的过程中增强自信

让孩子在解决问题的过程中增强自信。用这种方法获得的自信更加稳定，有用之不竭的内驱力。为了更好地说明这一方法的应用过程，我给大家讲一讲以下的案例。

有一次，我和儿子一起坐客车到杭州西湖玩。行至途中，儿子对我说："爸爸，我想尿尿。"

遇到这种事时，估计很多家长就直接带孩子去小便了。但我没有这样做。我选择给儿子独立做事情的机会，告诉儿子："后面有洗手间，你可以自己去。"

儿子听我说完后就去后面的洗手间尿尿了。过了一会儿，儿子在车厢后面朝我挥手，并喊我："爸爸，爸爸，你过来一下！"

"成成，你有什么事情？""爸爸，你快点儿过来嘛！"我不知道儿子出了什么事情，就过去了。原来儿子小便完以后找不到冲水的按钮。儿子问我："爸爸，我怎么找不到马桶的冲水按钮啊？"

我对儿子说："这是冲水马桶，肯定有冲水的按钮，你自己找找，肯定能找到。"说完我就回到座位上去了。其实马桶旁边的红色按钮就是冲水按钮，但我没有告诉儿子，也没有顺手一按了事，而是让儿子自己找到冲水按钮。

在我离开洗手间之后，儿子就在洗手间里到处寻找冲水按钮，几分钟之后，他终于找到了那个冲水按钮。冲完马桶后，儿子高兴地从洗手间里跑出来，边跑边大声地说道："爸爸，爸爸，我终于找到了，我按了一下那个红色的地方，就能冲水了……"

儿子兴奋的声音吸引了车里的其他乘客，他的眼神里充满了自信，正在享受问题解决后的成就感。我对儿子说："你真棒！"

即使没有听到他人一句表扬或鼓励的话，孩子在解决问题的过程中也会获得自信。我没有直接告诉儿子冲水按钮在什么地方，也没有直接帮儿子冲马桶。因为我认为家长只有教和帮的动作，那不是教育。教育要让孩子从实践当中获得自信和成就感。通过自己解决问题获得的自信胜过通过他人的鼓励或表扬获得的自信。现在，我的儿子能独自做很多事情，能够自己解决遇到的各种问题。

在培养孩子自信心的过程中，"多鼓励、表扬孩子"和"让孩子自己解决遇到的问题"的方式可以同时被使用。

第七节
如何培养孩子的思考力

如何培养孩子的思考力？家长可以采用以下三个步骤：

第一个步骤：用眼睛看着孩子，用心聆听孩子讲话，让孩子感觉到被重视，用语言肯定孩子的问题问得好，鼓励孩子发问。

第二个步骤：把问题抛给孩子，问孩子一声"你觉得是因为什么呢？"，鼓励孩子自己寻找答案。

第三个步骤：当孩子说出自己的答案后，不管孩子的答案是否正确，方法是否可行，家长都要继续鼓励孩子寻找问题的答案。比如，家长问孩子："除了这个方法（答案）以外，还有其他方法（答案）吗？"使用"还有吗？""为什么？"等魔力句，鼓励孩子深入思考，寻找更多的解决办法或正确答案。

家长按照以上三个步骤来引导孩子，会让孩子变得越来越聪明，会让孩子的思考力变得越来越强。每当孩子问我问题时，我都会用上述的三个步骤来引导孩子自己去寻找问题的答案或解决办法，培养孩子的思考力。下面这个妈妈也是按照以上的三个步骤来引导孩子的。

早上，女儿洋洋洗完脸，指着发紫的眼角对我说："妈妈，这里太难看了。"

我看着镜子里的洋洋，笑起来，说："过两天就消肿了。"

洋洋也看着镜子里面的我问："为什么我的头发这么亮，你的头发不亮呢？"

我顺口说："因为妈妈老了啊！"

洋洋奇怪地问："难道人老了以后头发就不亮了吗？"（孩子的小脑袋里总是有无数个问号。）

我没有直接回答洋洋的问题，而是反问洋洋："你想想，我们怎样才能不让自己那么早地变老呢？"

洋洋指着洗漱台上的护肤品说："多用这些。"

我不禁哈哈大笑起来，并问洋洋："还有吗？"

"多吃蔬菜。"（妈妈的问话进一步激发了孩子的思考力。孩子也会给我们更多的答案。）

我点点头，说："好办法，可以增加维生素C的摄入量，延缓衰老。还有吗？"（继续使用魔力句"还有吗？"来引导孩子。）

洋洋摆动双臂说："多运动，跑步、跳绳……"

"活动活动筋骨，精神好，老得慢。还有吗？"

洋洋说："多喝水，多吃饭，多睡觉。"

"好办法，保证身体健康。还有吗？"

洋洋此刻正在努力思考，没说话。（给孩子时间，孩子还能想出更多的答案。）

我问洋洋："用了这些护肤品后，我感觉年轻了，心里就会觉得怎么样？"

"高兴啊！"

"当我们身体健康了，我们就会觉得怎么样？"

"高兴啊！"

"多运动，浑身有劲又轻松了，我们就会觉得怎么样？"

"还是高兴啊！"

"那么，不让自己变老的好方法是什么呢？"

洋洋不假思索地说："让自己高兴！"

我竖起大拇指对洋洋说："你真厉害！一个人如果总是能保持快乐的心情，就会变得年轻。"

洋洋赞同地点点头。我和洋洋一起讨论了延缓衰老的好方法——保持愉快的心情。

"还有吗？""为什么？"是提升孩子思考力的魔力句，驱使孩子寻找更多、更好的答案或解决办法。

为了引导孩子思考，家长可以使用诸如此类的语句："为什么会这样呢？""我们该如何解决这个问题呢？""你觉得还有其他办法吗？"当孩子说出一个答案时，不管答案正确与否，家长都可以通过语言或眼神来鼓励孩子，比如可以用"答得好！""对啊！""这是个好办法！"等语言。孩子受到鼓励后会更加积极地回答问题。

在上述案例中，这位妈妈很好地使用了"还有吗？"这个魔力句，起到了很好的教育效果。"还有吗？"是一个魔力句，当被我们经常使用的时候，它的魔力就会发生作用。我们一起看看下面的案例吧！

早上，女儿在姥姥家玩，我则在一边忙活。

一会儿女儿走过来，手里拿着一个一米长、专门给婴儿量身高用的布尺子。这个布尺子是买奶粉时赠送的。

女儿问我："妈妈，这是做什么用的？"

我没有直接回答女儿，而是反问她："你觉得呢？"

女儿想不出来。这时女儿的表姐欣欣走过来说："你就是一个大笨蛋，这是用来量身高的。"

"啊？"女儿有些惊讶，随即拿起布尺子给自己量身高。比量了一会儿，女儿就说话了："妈妈，它这么短，怎么量啊？"

"想个办法呗。"我把问题又抛给了女儿。

欣欣从女儿手中拿过布尺子，说："你站好了，这样量，两个脚夹住布头，先这样量一下，到这里是一米。把你的手放在这个一米的位置处。再从这个位置接着量。是不是这样就够了？"

我说："好方法！还有吗？"

欣欣说："我又想到了一个办法。"

"妈妈，妈妈，我也想到了一个办法。"女儿急急地喊着，"看，我靠墙站着，在头顶的水平位置处做个标记，然后再用布尺子分两次量。"

我竖起大拇指说："好办法！还有吗？"

欣欣抢过话来说："有，姑姑，找一根长绳子，先用绳子量妹妹的身高，然后再用布尺子量出绳子的长度，这样不就可以了吗？"

我听了之后佩服地说："太棒了！还有吗？"

两个小家伙歪着头在那里想。过了一会儿，欣欣说："有了！上美术课的时候，老师说画画的时候可以用人头做比例。先用布尺子量一量妹妹的头部长度，再看看妹妹的身体长度相当于几个头长，之后就能算出来妹妹的身高……"

"怎么量，姐姐？"女儿好奇地问。

两个小家伙正忙着用以上的方法量身高。我则去一边忙活了。

第八节
正面强化的教育方式

正面强化具有巨大的力量，它是让孩子变得更好的法宝，可以用来改善孩子的行为习惯。针对孩子内向、胆小等问题，家长们可以参考以下四条建议：

1. 平时在家多与孩子说话，尽量引导孩子说得大声一些。与孩子一起玩耍时，家长的动作要夸张一点儿。

2. 可以给孩子读一些有关勇气的故事，增强孩子与人交往的自信心。

3. 可以让孩子参加一些体育项目。体育能培养一个人的胆量与意志力。

4. 多带孩子跟其他同龄孩子玩，不要总说孩子内向、胆小。当孩子表现得好时，家长要肯定孩子，正面强化孩子的行为。

一些心理脆弱的孩子，被别人随便说几句，就受不了，开始流眼泪，好像受了天大的委屈。针对这个问题，我认为家长可以用正面强化的教育方式来帮助孩子提高心理承受能力。面对心理脆弱的孩子，家长千万不能因为怕孩子哭而一再保护孩子。因为家长保护得越多，孩子的心理越容易脆弱，越承受不了打击或挫折。心理脆弱的孩子在遇到一些困难或挫折时容易冲动、走极端。

家长要清楚地认识到：孩子的心理素质是在不断地经受委屈或挫折的考验中不断增强的。如果你的孩子是心理脆弱型的，你该说什么就说什么，不要怕孩子受委屈或流眼泪。当孩子流眼泪时，你先不要急着去安慰他，就当作没看见。给孩子时间，给孩子机会，让孩子用自己内心的力量来消化负面情绪。当孩子做得不好时，你当作没看见。当孩子做得好时，你要用积极的语言鼓励他、肯定他。如此多次，孩子的心理承受能力就能越来越强。

动作快了，慢的行为就少了；胆大的行为多了，胆小的行为自然就少了；心理素质强了，心理脆弱的行为就少了……

家长利用正面强化的教育方式强化孩子做得好的一面，弱化孩子表现不好的一面。长此以往，孩子好的行为就会越来越多，不好的行为就会越来越少。

什么是优秀的人？优秀的人不是没有缺点的人，而是优点很突出的人。教育的目的不是培养一个完美得没有任何缺点的人，而是扬长避短、正面强化一个人的优点，让他的优点越来越突出。当一个人的优点越来越突出的时候，他的优点就会慢慢弥补他的缺点。

第九节
如何减少孩子的逆反心理

一些处在青春期的孩子，身心发育逐渐成熟，自我意识越来越强，变得特别有主见，动不动就发脾气，力气也变大了，敢跟父母对着干，也不愿意跟父母沟通，变得越来越逆反。

一、孩子逆反心理的形成原因

家长首先要明白孩子逆反心理的形成原因。孩子为什么会逆反呢？从字面意思来理解："逆"是指孩子不如家长意，跟家长的意愿相反；"反"是指反抗，孩子和家长唱反调。孩子的逆反心理往往和家长负面的、错误的教育方式有关。如果家长爱抱怨、爱唠叨，总是训斥孩子做得不好，那么孩子就会觉得很烦，容易逆反。

一看到孩子早上起床后刷牙、洗脸比较慢，一些家长就站在孩子旁边唠叨。有时任凭家长唠叨，孩子也没有变化，依然磨磨蹭蹭。

有些家长还会指责或打骂孩子，强迫孩子做事。当孩子的自我意识增强以后，孩子就容易和家长发生对抗。如果家长不再抱怨、唠叨、指责、打骂孩子，孩子的逆反情绪一般就能减少。

一些家长在孩子犯错误的时候会让孩子道歉并说"对不起"。家长往往会这样对孩子说："你这次是不是做错了？你要道歉！"孩子可能低着头"嗯"了一声。有时孩子的眼神已经表明他自己知道错了。但是一些家长并不满意孩子这种认错的方式，会对孩子说："你知道错了吗？你要说'对不起'！"有时这些家长会将这两句话重复多次。其实这个时候孩子已经不愿意说话了，他就站在那里，低着头，也不说"对不起"。一些家长看到孩子这样的态度，更生气了，一遍遍地重复："你到底认不认错？快说'对不起'！"家长这样做其实是在逼孩子承认错误，这样做容易引发亲子冲突，促使孩子发脾气。

家长不就是想让孩子认识到错误吗？家长不一定非要逼着孩子说"对不起"。家长不需要强迫孩子道歉，不要觉得孩子如果不道歉、不说"对不起"，就好像孩子不知道自己犯错了一样。有的家长只要看看孩子的表情就能知道孩子是否认识到自己的错误。当孩子意识到自己的错误时，家长只要告诉孩子应该怎么改正就可以了，没必要逼迫孩子道歉。

二、减少孩子的逆反心理

哪里有压迫，哪里就有反抗。孩子逆反心理的形成主要与家长的教育方式有关。家长可以试试下面的三条建议。

1. 多肯定，少指责

家长在和孩子沟通的时候，一定要多肯定，少指责。家长多肯定孩子做得好的地方，少指责孩子做得不好的地方。每个孩子都会有犯错误的时候。只要孩子有一点点做得好的地方，家长就要肯定孩子。孩子会因此变得不一样。

举个例子，一些家长看到孩子考了 98 分（满分 100 分），丢了 2 分，总是看不到卷子上那么多的对号，拼命找叉号，找到叉号之后马上数落孩子："这么简单的题目，我给你讲了多少遍啦，你又做错了！"这些家长的眼睛总是盯着孩子身上的缺点，看不到孩子身上的优点。

小学的孩子没有多少考试经验，容易紧张，读不懂题目的要求，就会做错题。家长可以要求孩子熟练掌握知识点。如果孩子还没弄懂知识点，家长就要想办法帮助孩子掌握知识点，为孩子纠正错题。

我女儿上小学的时候，有一次语文考了 92 分。我一看到女儿的语文试卷，就知道女儿做错题的原因了。其中一道题问："田字一共有（　）画。"结果我女儿写成了"田字一共有（田）画"。孩子肯定因为紧张，没读懂题目的要求，所以没写笔画数，直接就写上了"田"字。另一道题问："木字一共有（　）画。"结果我女儿也写了一个"木"字，变成了"木字一共有（木）画"。这类错误很容易被纠正。

我对女儿说："琪琪，恭喜你得了 92 分。"我女儿说："92 分，还不错，我觉得挺满意的。"我夫人夸女儿的心态好，把考试成绩看得很淡。

有些父母一看到孩子试卷上的错误，就开始训斥孩子："你上课都在干吗？没有听老师讲课吗？你笨死了。"这就是家长之间的认知差别。本来孩子犯的错也不严重，家长只需要好好引导孩子就可以了。如果家长一直抓住孩子的错误不放，那么孩子就会产生挫败感，甚至逆反。

2. 多建议，少命令

我儿子上初一的时候，生物成绩不是很好。我问儿子生物成绩不好的原因是什么。儿子说，因为他的生物基础比较差。我接着问儿子怎么做才能提高生物成绩。儿子便说出了自己的学习计划。

家长最好不要命令孩子怎么做，因为家长命令式的教育方式会引起孩子逆反，让孩子对家长产生敌对心理。

3. 选好教育的时机

想让孩子不容易出现逆反心理，家长要选好教育的时机。家长要在孩子心情好的时候适时教育孩子。在孩子心情愉悦、和家长无话不谈的时候，家长可以趁机给孩子一些建议。

假如今天孩子和同学闹矛盾了，回到家后很不高兴。这个时候如果家长去责骂孩子，就会产生亲子矛盾，孩子容易变得逆反。正确的做法是：家长可以先等一等，不要马上责骂孩子，不要马上给孩子提建议，等孩子心情好的时候，再跟孩子谈一谈。

在孩子很失落，甚至有些绝望的时候，家长教育和引导孩子，能给孩子提供精神支持。当孩子没考好时，家长难免着急。家长要学着理解孩子：孩子想考好，也想得到老师、家长的鼓励和表扬。面对已经考砸的孩子，家长需要包容孩子，给孩子更多的鼓励。退一步讲，既然孩子已经考砸了，家长骂他、打他也改变不了什么。家长可以对孩子这样说："虽然你这次考试确实考得不好，但是你也不必因此丧失斗志。你一定要记住，只要努力就能进步。爸爸妈妈都相信你，爸爸妈妈永远陪在你身边，咱们一起面对。"听到家长这样说，孩子一般就会充满力量。孩子在充满力量的时候，就愿意努力，就不容易产生逆反心理。

第十节
孩子爱磨蹭，家长怎么办

一看到孩子做事情磨磨蹭蹭，一些家长就会比较着急，甚至打骂孩子。对于爱磨蹭的孩子，家长可以尝试以下的方法：

一、先接纳孩子的行为

有时，家长的打骂对孩子起不了实质性的作用。不要反复地说孩子磨蹭，也不要过多地训斥孩子。家长对孩子不良行为的过多关注和反复强化往往会使结果更糟，有时还会让孩子更加叛逆。

二、注意多观察，找机会教育孩子

当孩子磨蹭时，家长要控制住怒火，温和地告诉孩子应该怎么做。家长多留意孩子不磨蹭的时候，并及时地肯定孩子，比如可以对孩子说："嘿，你今天比昨天做事情的速度快多了，妈妈替你感到高兴，真不错！"

孩子在家长的肯定下往往表现得更加积极，做得更好。家长可以用鼓励性的语言对孩子说："做得真好！你明天肯定比今天做得还要棒、还要好……"

三、允许孩子犯错，学会等待

当孩子前几天做得不错，这几天又表现不好时，父母千万别用类似的话数落孩子："我就知道你好不了几天！你不是说你不磨蹭了吗？怎么又这样了？……"这些话的杀伤力太强，足以打消孩子想表现得更好的念头，同时也会抹掉孩子之前所做的努力。然而，一些家长每天都在说类似的话。一些孩子在听了类似的话后选择中途放弃，越来越不相信自己，也对家长越来越失望。

当孩子又开始磨蹭时，家长可以这样做：

可以告诉孩子几句话："你今天又开始磨蹭了，不过没关系。你可能一时没注意，动作就慢下来了。明天早上的时候你动作快一点儿，妈妈会提醒你的。"孩子往往会在家长的理解与支持下做得更好。家长也可以假装没看见孩子磨蹭。当孩子不磨蹭的时候，家长要表扬孩子，正面强化孩子的正确行为。

我们来看看下面这位家长是如何处理孩子磨蹭的问题的。

最近，天气越来越冷。孩子因为早上起床晚，在吃早饭的时候总显得没有食欲，比以往都磨蹭。

我开始想办法。

今天早上，我把闹钟拿到餐桌上，对孩子说："现在是 7 点 10 分，在 7 点 25 分之前，你要吃完饭。给你 5 分钟时间换鞋、穿外套，7 点

30分准时离开家。你自己看着时间吃饭吧，多吃点。"

然后我就忙我的事情，不再管孩子。孩子到点后准时收拾东西上学。

我发现：当我反复催孩子快点吃的时候，孩子总会不情愿地吃，最后还会剩下饭。现在我把主动权交给孩子。孩子自己看着表，吃得既快又多。

通过这个案例，我得到这样的启示：家长凡事不能着急地催促孩子，要让孩子明白这是他自己的事，给孩子时间的支配权，让孩子自己调动自己、服务自己。

第十一节
孩子沉迷看电视，家长怎么办

孩子喜欢看电视，这是一件令家长非常苦恼的事情。电视就像一把双刃剑：用得好，它有助于家庭生活和孩子的成长；用得不好，它就会弊大于利。实际上万事万物都是利弊共存的，家长的作用就是趋利避害。

很多家长认为孩子之所以看电视，是因为喜欢看电视。我不这么认为。我认为孩子沉迷电视存在以下三种情况：

第一种情况：放学后或者周末，孩子有小伙伴一起玩儿，看电视的概率就会低。如果孩子没有一起玩耍的小伙伴——这无疑会增加孩子的孤独感，他就会去寻找别的东西来消遣时间，最终选择了电视。

第二种情况：父母陪孩子的时间少，很少与孩子一起玩或聊天。一些父母认为：孩子只要不捣乱，能按时完成老师布置的作业，不管干什么都可以。孩子不喜欢闲着，他就得找点事儿。有声音、有色彩的电视就让一些孩子慢慢地爱上了。一些孩子把电视当成了朋友，把电视当成了情感寄托。父母在家一定要多陪伴孩子，降低孩子沉迷电视的概率。

第三种情况：从小喜欢读书的孩子沉迷电视的概率明显较低。那些喜欢看电视的孩子往往不喜欢看书，也不能专心学习。而那些喜欢看书的孩子，往往不会沉迷看电视。人在看电视时，思维总是跟着剧中的情节走，很少深入思考。看电视太多，人的头脑就会变得简单。而书能让人深入思考。认真读书的人会通过书籍不断丰富自己的大脑。

一个人如果不喜欢看书，又没有人陪他玩儿，也没有参加一些有意义的活动，就容易把电视当成朋友。一些沉迷看电视的孩子不是因为喜欢看电视，而是因为缺乏伙伴或关注。沉迷看电视的孩子内心通常是空虚的。长期看电视的孩子不大可能成为优秀的人。为什么呢？因为这类孩子将空闲时间都用在看电视上了，哪有时间来提升自我。

在这里，为了让孩子不再沉迷看电视，我可以提供两种简单、有效的方法。

第一种方法是家长不买电视。如果已经买了电视，从现在起，家长就不要去交闭路电视费或者网费了，营造一个没有电视可看的环境，在不知不觉中改变孩子的行为。

我家有电视，但是我家的电视没信号，收不到台。我儿子在上幼儿园中班的时候非常喜欢看电视。家里的老人也管不住孩子，没有办法不让孩子看电视。可闭路电视费是我交的，决定权在我手里。我不再交闭路电视费了，就没有电视台可看了。即使孩子会因为不能看电视而哭闹，也没有办法改变既成的事实。在没有电视节目可看的环境中，当孩子无聊时，家长陪孩子一起看看书。一段时间以后，有的孩子就能提高阅读的兴趣，也慢慢习惯了不看电视的生活。我儿子自从不看电视以后，多动的行为大大减少，就连性格也没以前那么急躁了。

还有一种不让孩子看电视的方法，心理学上叫作"厌恶疗法"。如果家长完全按照下面的要求做，时间久了，大部分的孩子就不想看电视了，甚至痛恨电视。

当孩子看电视时，家长可以提出以下五个要求，具体如下：

第一，固定坐姿。要求孩子坐得端正或者两手背在身后，要求孩子像在学校上课时一样认真。只要孩子没坐好或者开小差，家长就批评他。

第二，规定时间。规定几点到几点，孩子可以看电视。在这个时间段内，除了看电视以外，孩子不能干别的。家长如果规定孩子看40分钟电视，那么在这40分钟的时间内，不许孩子离开座位。

第三，固定内容。家长只准许孩子看规定的台，不能换台。即使孩子不喜欢看这个台，家长也要强迫孩子看。

第四，固定进度。只要规定的时间一到，家长就关掉电视，就让孩子看这么多内容，不能多看，也不能少看。

第五，看完复述。叫孩子复述刚才看的电视内容。一旦孩子说不出来或说得不正确，家长就批评他。家长要让孩子意识到：想要看电视，就得复述看过的电视内容。孩子如果不能准确复述，就要受到家长的批评或者惩罚。

只要孩子没完成以上的任何一个要求，家长就批评他、指责他。只要家长能按部就班地去做，用不了多长时间，大部分的孩子就不再想看电视了。这种"厌恶疗法"能让一些孩子恨不得把电视砸掉。因为当家长这样做时，看电视对孩子来说不是一件愉快的事，而是一种折磨。

第十二节
孩子沉迷玩电脑，家长怎么办

电脑就像一把双刃剑，改变了人们的生活和工作方式。人们用好了电脑，会提高工作效率，增加生活的乐趣。一些孩子用不好电脑，沉迷网络游戏无法自拔，因此改变了自己的人生轨迹。

如今，在大部分家庭都有电脑的情况下，家长要及早地引导孩子正确使用电脑，防止孩子沉迷玩电脑。在孩子刚开始接触电脑的时候，如果家长能及时地让孩子正确认识电脑和使用电脑，那么电脑会对孩子起到积极的作用，为孩子打开探索世界奥秘的大门。

一、我儿子没有沉迷玩电脑的原因

我儿子在 4 岁的时候开始接触电脑，在使用电脑的过程中，对于出现的新东西，他基本上比我先知道。曾经有一段时间，我对电脑游戏上瘾，而我儿子却没有沉迷玩电脑。

针对我儿子没有沉迷玩电脑，我总结了以下三个原因：

第一个原因：把握好度，不给孩子沉迷玩电脑的机会

我一般会避开我儿子玩电脑。儿子小时候会用电脑玩一些小游戏。我一般会及时地制止我儿子玩电脑游戏的行为，不给他玩电脑游戏的机会。因此，我儿子没有养成玩电脑游戏的习惯。家长要未雨绸缪，不要等到孩子出现问题后才开始着急，否则，家长需要耗费大量精力和金钱纠正孩子的问题。

第二个原因：抓住教育的好时机

3～6岁的孩子求知欲非常旺盛，每天会有非常多的问题。对于孩子的问题，家长不可能全部知晓正确答案。

有一天儿子对我说："爸爸，我想问你一个问题——黑洞是如何形成的？"

以往我很少回答儿子的问题，都是把问题再抛给儿子，激发他的思考能力，让他自己找答案。当然，关于黑洞的问题，我一时也回答不上来，于是灵机一动，说："我回答不出来。但是，有一个东西可以回答你的问题，无论你问什么问题，它都可以回答出来。"

儿子好奇地问："是什么东西？"

我说："电脑！电脑可以回答你问的问题。"

儿子听到电脑有如此功能后，感觉很新鲜，也很想知道电脑是不是真能知道正确答案。儿子不知道要用电脑搜索关键词来寻找答案。于是我把儿子带到电脑旁边，教他打开搜索网站，在搜索栏里输入"黑洞是如何形成的"，一下子就出来好多答案。点开其中一个答案后，我就读给儿子听。儿子很惊奇，觉得电脑真好玩，还能通过电脑获得很多知识。

解决这个问题后，儿子迫不及待地对我说："爸爸，我想再问你一个问题——这个世界上有奥特曼吗？"

我又帮儿子输入问题寻找答案。儿子的兴趣大增。当儿子知道第二个问题的答案后，正兴致勃勃地想问第三个问题时，我对儿子说："成成，对不起！你一天只能问三个问题，想好了再问。问完三个问题后，你今天就不能问了，明天再问……"

我之所以一天只让孩子问三个问题，是因为我认为不能一次性满足孩子探索未知的好奇心，否则孩子问问题的兴趣就会下降。于是我故意不满足孩子，始终让孩子的求知欲保持在一个相对旺盛的状态。孩子第一天没得到满足，第二天还会用电脑搜索问题的答案。从第三天开始，我儿子就能自己利用电脑搜索问题的答案了。

我儿子利用电脑解开了自己心中的很多疑惑，学到了很多的知识。我儿子自认为很会玩悠悠球，就想去参加悠悠球比赛，却不知道哪里有悠悠球比赛，也不知道怎么报名。于是我就开始教儿子如何在网上发帖求助。儿子上初中以后，对于一些不懂的题目，他会用电脑寻找答案。有一段时间，我儿子非常喜欢打篮球，没人教他，他就自己用电脑搜索打篮球的技巧。

直到现在，我儿子用电脑的主要目的是搜索自己感兴趣的话题，解答自己数不清的问题。电脑成了帮助我儿子探索未知的朋友，也成了我儿子推开奥秘之门的助手。

第三个原因：我儿子从小喜欢看书

我儿子从小喜欢看书，也是他没有沉迷玩电脑的原因。阅读能让人思想充实、内心满足。我儿子喜欢去书店看书，即使学习时间紧张，他也每天坚持至少阅读一个小时，从小就养成了读书求知的习惯。我儿子之所以能养成使用电脑的良好习惯，是因为我对他的引导。我常说，如果一个人不知道如何用搜索引擎来查找资料，那么电脑对他来说有害无利。

有一次，一位家长给我留言："现在我儿子已经上大学了，他在高中时各科成绩都很好，平常也玩电脑。"家长留言的意思是说玩电脑不会影响孩子的学习成绩。据我了解，很多学习成绩好的孩子也玩电脑，还玩得很棒。对于这种学有余力的孩子来说，偶尔玩会儿电脑，可以放松紧张的神经、释放压力。如果你的孩子在学习上找不到自信，对学习没兴趣，玩电脑的兴趣却非常浓厚，他的注意力全在电脑上，那么家长很难将孩子的注意力转移到学习上来。据我所知：一些学习成绩好的孩子，一旦玩电脑成瘾，学习成绩就会退步，甚至一落千丈。一些孩子通过电脑找到自信，缓解学习成绩下降带来的失落感。

一些父母一开始不觉得孩子玩电脑是一个问题，没有清醒的头脑和危机意识，最终孩子因为玩电脑成瘾而走下坡路。

二、如何引导孩子慢慢脱离电脑

面对已经玩电脑成瘾的孩子，家长应该怎么办？家长应该怎样引导孩子慢慢脱离电脑，并且让孩子控制住自己玩电脑的欲望呢？我有以下两种方法：

引导孩子自我控制法

凡事宜疏不宜堵。引导孩子有意识地控制自己的行为，遵守约定的时间，慢慢压缩玩电脑的时间。规定孩子只能玩一个小时的电脑，可孩子一坐到电脑旁边就控制不住自己，玩得正在兴头上，怎么也不肯关掉电脑。面对这种情况，家长如果制止不了孩子，就不要硬来，教育孩子需要好时机。

在孩子开心的时候，家长可以对孩子这样说："约定玩一个小时的电脑，可时间到了你却不关机，还要继续玩。你知道这是为什么吗？"孩子在开心的时候就容易打开心门。如果家长的言语没有批评责骂之意，孩子就乐意听家长说话。家长可以继续对孩子说："其实你知道长时间玩电脑不好，可就是控制不住自己。你也想一到时间就关掉电脑，可你被电脑吸引了，一不注意，就超时了……"

一些孩子不是不想离开电脑，而是控制不住自己。家长可以对孩子说："我给你一个建议——明天你还是玩一个小时的电脑，时间快到的时候我提醒你一下。时间一到，你什么都别想，立即把电脑关掉，离开座位。你明天能不能控制住自己呢？明天我们试一下……"第二天，在孩子快玩一个小时电脑的时候，家长站在孩子的身旁，在孩子玩得好时为他喝彩，一起分享孩子的感受，等规定的时间快到时，友好地提醒一下孩子，给孩子的行为"上发条"。一个小时的玩电脑时间一到，让孩子什么都别想，立即关掉电脑离开座位。这时最重要的是带孩子离开座位。没有站起来离开座位的孩子，注意力还会停留在电脑上。家长可以让孩子去吃点东西，或者和孩子一起到小区活动一下。这时家长不要马上让孩子去做作业，不然会让孩子反感。家长可以鼓励孩子："你真厉害！以往我提醒你几遍，你都不关机，今天我就叫了你一次，你马上就关机了。明天我们再试试……"正面强化孩子的行为，孩子就能从家长的言语中感觉到自己进步了。当孩子感觉到自己能控制住时间、控制住自己的时候，内心就会产生一股新生的力量。这股力量能让孩子彻底抵御住电脑的诱惑。

有了家长的理解和友善的提醒，大部分孩子能遵守玩电脑的时间。当孩子按时关闭电脑时，家长要及时肯定孩子的进步。随着孩子遵守约定的次数增多，那股"能控制住自己"的力量就会变得越来越强。一段时间以后，孩子就能自觉遵守约定，控制自己的行为。

在引导孩子控制自己行为的过程中，孩子偶尔会控制不住自己。这时家长不要骂孩子，可以告诉孩子："没关系，明天我再提醒你一下。"这样孩子就会继续努力。当孩子没玩一个小时就关机时，家长要抓住这个难得的教育机会告诉孩子："你真棒！以前你一定要玩够一个小时才关机，今天你提前 5 分钟就关机了。"这种语言能让孩子树立"我能控制住自己"的自信心。家长可以用"习惯培养加减法"慢慢地让孩子自己将玩电脑的时间减下来，从 60 分钟减到 55 分钟、50 分钟、40 分钟……

一个内心坚定、自控能力强的人，能够抵挡住外界的各种诱惑。一个人要依赖自我的力量改变自己的言行。一些教育者往往容易走进"我想改变孩子、控制孩子"的误区里。

家长要用科学的教育方法让孩子逐渐改变不好的行为，欲速则不达。面对玩电脑成瘾的孩子，家长的强制教育方式很难行得通。如果家长拔掉网线或强制关掉电脑，一些孩子就会躲着家长玩电脑，比如去网吧玩电脑，情况会更糟糕。一些孩子如果知道家长拿他们没办法，就不再把家长放在眼里，甚至对家长恶语相向。

教育孩子，宜疏不宜堵。对于年龄小的孩子，家长要多引导；对于年龄大的孩子，家长要多疏导。

对玩电脑成瘾、脾气暴躁或特别叛逆的孩子，家长千万不要采取过激手段或强制措施，以免激化亲子矛盾。

厌恶疗法

在教育一个迷恋电脑的孩子时，父母需要一定的毅力。我们都知道通宵玩电脑会严重危害身体健康。一些孩子在玩电脑时，就和成人痴迷打麻将一样，玩了还想玩，嘴上说着一会儿就关机，可是内心的欲望一再诱惑自己再玩一会儿。本文的厌恶疗法是指家长跟孩子一起玩电脑，遇到不会的问题就问孩子，向孩子学习。家长鼓起劲，轮流和孩子一起长时间玩电脑。即使孩子累得不想玩了，家长也鼓励孩子继续玩。即使孩子困得想睡觉了，家长也尽量让孩子继续。让孩子一次玩过瘾，直到孩子感到筋疲力尽、身心痛苦，让孩子再也不想玩电脑。

我认为一个人想要改变，一定是基于两种原因：一是追求快乐；二是逃避痛苦。想让孩子远离电脑，家长需要多想办法。

有位广东湛江的妈妈多次打电话给我，问我能不能救救她的孩子。这个孩子因为玩电脑成瘾而拒绝上学，已经半年没有去学校上课了，休学在家，没日没夜地玩电脑。无论这个妈妈怎么说、怎么劝都没有用。妈妈想带这个孩子去看心理医生，这个孩子却连门都不出。因为这个孩子的事，夫妻俩经常吵架，用尽了办法，操碎了心。

这些案例警醒我们不要在孩子小的时候掉以轻心，不能放纵孩子玩电脑。家长应该在孩子刚开始接触电脑时就培养孩子正确使用电脑的习惯，让孩子学会利用电脑搜索有用的信息，并从中求知和成长。

第十三节
孩子爱玩手机，家长怎么办

家长在教育孩子时面临的挑战之一是如何管理孩子的手机。在智能手机普及的今天，一些孩子长时间用手机看视频或打游戏等，导致学习成绩大幅下降。家长如果任由孩子尽情地玩手机的话，就可能会葬送孩子的未来。一些自我控制能力比较差的孩子，一旦开始迷恋手机，一刻也离不开手机的话，就可能导致学科成绩不达标，拿不到毕业证或者被退学。

有一位高一女生，以全县排名第一的成绩考上了市里最好的高中，几个月后参加考试，竟然考出了班上倒数第一名的成绩，比班级平均分低100多分。女孩的妈妈特别着急，对我说："我女儿天天用手机聊天、看视频，每天晚上玩到很晚，在上课时打瞌睡，就这样她从班级的尖子生变成了倒数第一名。"

有人说，智能手机的好处是让我们利用碎片化的时间来学习。刚开始我也这样认为。我一有空就用智能手机听课或者看新闻，确实很便利。但是用了一段时间智能手机以后，我就发现情况不对——不是我把碎片化的时间利用起来了，而是智能手机把我的时间变成了碎片。

家长一定要记住，千万不要让孩子长时间玩手机。家长不仅要控制孩子玩手机的时间，还要限定孩子使用手机的某些功能。

一些手机具有针对儿童的模式。选择这种儿童模式以后，家长就可以在手机上设置哪些 App（移动应用程序）是孩子能够打开的，哪些 App 是孩子不能打开的。这样，孩子只能打开家长允许的 App，打不开被禁用的 App。

在这种儿童模式下，家长还可以设置孩子使用手机的时间，比如周末允许孩子玩一小时手机，在孩子玩了一小时手机之后，手机系统会自动地关闭，减少手机对孩子的危害。

第十四节
孩子早恋，家长怎么办

孩子早恋，家长怎么办？家长首先要正确地认识早恋这件事情。

一、家长要正确地认识早恋

孩子喜欢某个异性同学，看他比较顺眼，感觉比较好，这属于正常现象，是一种正常的情感，并不是成人之间恋爱结婚的那种情感。

家长最好采取宜疏不宜堵的处理方式，不要总想着用一些办法把早恋的路口堵上，而应该对孩子进行正确的引导。家长如果处理不当，反而会把孩子逼上早恋的道路。

有些家长坚决不允许孩子早恋，会采取强制措施不让孩子们在一起，对自己的孩子盯得比较紧，甚至会打骂自己的孩子。孩子会因此难过，更想向异性朋友倾诉，反而会偷偷地继续交往。

早恋还会让孩子的情绪产生比较大的波动，影响学习成绩。有的高中生在早恋的时候，特别敏感，会把很多心思放在对方身上，如果对方对他不理不睬，或者对方哪句话说得过头了，或者对方哪一天反应冷淡了，他的情绪就容易出现比较大的波动。

二、家长如何应对孩子早恋

当孩子喜欢上某位异性同学时，家长可以采取以下三种措施：

1. 淡化和转移

家长可以和孩子聊一聊这位异性同学的优点，再问问孩子有没有其他同学也具备这些优点。家长可以通过这种淡化目标、转移视线的方式，让孩子尽量不要只关注一个异性。孩子通过转移视线，关注其他同学，就有可能慢慢淡化早恋。

2. 接纳孩子的情感

家长要接纳孩子的情感，不要对孩子围追堵截。我遇到过一件事——早恋孩子的双方父母因为孩子们早恋这件事打架。其中一个家长看到自己的孩子因为谈恋爱而影响了学习，就追到孩子早恋对象的家里，并对人家说："你不要再跟我的孩子交往了。"结果双方父母就打起来了。像这种处理早恋的方式就比较糟糕。

如果孩子有早恋的情况，家长可以让孩子把喜欢的异性同学带到家里来，一起吃顿饭，认识一下。

我儿子在上高中的时候喜欢班上的某个女同学。

我问我儿子："有没有哪个女孩子喜欢你？"

儿子说："有一个女孩给我写纸条了，还有一个女孩正准备给我写纸条。"

我问："你怎么知道那个女孩正准备给你写纸条？"

儿子说："那个女同学想给我写纸条表白，但是她害怕，就给我一个要好的同学说她喜欢我，那个要好的同学就将这件事告诉我了。"

我就说："等有机会时，你带我去认识一下这两个女同学吧。"

儿子说好的。

有一天，我去了儿子学校。在大课间休息的时候，儿子指着一个坐在草地上的女孩对我说："她就是那个给我写过纸条的女孩，也是我比较喜欢的。"儿子又指着另一个女孩对我说："她是准备给我写纸条的。"

我平时表现得很开明。儿子很大方地告诉我这些事，没有任何恐惧。我的想法是，如果我认识了儿子喜欢的那个女孩，就可以通过那个女孩来影响我儿子。

我不仅请那个女孩到我家做客，还请她和我儿子一起出去看电影。那个女孩认识了我以后，就觉得我挺好的，没有了恐惧，也没有了担忧，感觉很开心。

有时候那个女孩给我儿子发 QQ 信息，但是很长时间她都没收到我儿子的回复，她就会给我发 QQ 信息，问我儿子去哪里了。这时候，我就正好可以和那个女孩聊一聊了。

我问那个女孩："你们两个处得怎么样啦？"她说挺好的。这个时候就是一个沟通的好时机。我很委婉地告诉她，异性之间的交往需要注意哪些方面，需要在哪些方面保持距离、保持分寸。

如果家长强势地要求孩子们马上分手，那么孩子们或许就转为偷偷摸摸的地下行为。当时那个女孩的学习成绩不怎么理想，没有我儿子的学习成绩好。我对儿子说："你的学习成绩好一点儿，她的学习成绩差一点儿，你应该去帮助她，让她努力学习，让她把学习成绩提上去，你们俩争取考上同一所大学，那样的话你们俩就可以继续在一起。"我儿子就开始给那个女孩补习功课。后来，那个女孩的学习成绩真的提高了。

3. 教孩子学会面对别人的拒绝

家长一定要告诉孩子这样的道理，那就是："每个人都有喜欢别人的权利，也有拒绝别人的权利。同样，别人有接受你的权利，也有拒绝你的权利。"要让孩子明白以上的道理，防止孩子因为被对方拒绝而产生较大的情绪波动，要让孩子有足够的抗挫折能力和抗打击能力。

06

第六章

沟通篇

在日常生活中，沟通是必不可少的，也是一门很深的学问。我们要学会与孩子沟通，与孩子的老师沟通，力争做孩子喜欢的父母，做老师喜欢的家长。

第一节
如何成为让孩子喜欢的父母

孩子一般喜欢什么样的父母呢？了解孩子是父母在教育孩子的过程中需要学习的重要一课。父母只有真正地了解孩子，才能走进孩子的内心世界，才能引导、教育孩子。真正的教育是用一棵树去摇动另一棵树，用一朵云去推动另一朵云，用一个灵魂去唤醒另一个灵魂。教育就是感化和影响孩子的过程。父母要想走进孩子的内心，就要知道孩子喜欢什么样的父母。父母如果知道孩子喜欢什么样的父母，就容易成为让孩子喜欢的人。

在家庭中，孩子如果喜欢自己的父母，那么即使家庭贫困，也会感受到无尽的温暖和幸福。如果孩子不喜欢自己的父母，甚至讨厌或难以接受自己的父母，那么即使家财万贯，孩子的身心也会倍受折磨。

孩子一般喜欢以下六种类型的父母：

第一种类型：能欣赏孩子的父母

这类父母能欣赏自己的孩子。我们总是渴望外界对自己的赏识。家长首先要学会欣赏孩子。每当孩子学完画画或舞蹈回来，家长要像一个热情的观众一样，带着惊喜的表情去欣赏孩子的画作或舞蹈，热烈地为孩子鼓掌。即使不说任何夸奖的语言，家长的行为反应也能给孩子带来莫大的成就感和荣誉感。

我女儿特别喜欢跳舞，每当她跳舞的时候，我和孩子妈妈都会放下手头的工作，一起欣赏女儿跳舞。同样的，每当孩子写出一篇好作文或者写出一手好字时，父母都需要真诚地欣赏孩子的作品。父母的欣赏能带给孩子进步的动力。

第二种类型：能理解孩子的父母

这类父母能理解自己的孩子，能在孩子心情不好的时候安慰孩子。尤其是一些高年级的孩子，如果跟某个同学相处得不好，或者某次考试考砸了，他们会感到很自卑或者很自责。这个时候父母可以陪孩子一起走一走，说说话，聊聊天。这样，孩子就会觉得，每当自己心情不好的时候都有家人陪着，感觉很温暖。

第三种类型：能和孩子有共同语言的父母

这类父母能和孩子进行有效的亲子沟通。大部分孩子喜欢和父母聊一些自己感兴趣或擅长的话题。在我儿子上初中以后，我和儿子谈的最多的话题就是篮球。闲暇时，我一般会陪儿子一起打篮球，一起聊一聊喜欢的球队。聊着聊着，我就能顺势把话题延伸一下，多谈谈孩子擅长的学科，少提孩子不擅长的学科。

第四种类型：能当孩子朋友的父母

这类父母能和孩子交朋友，尊重孩子的选择，像挚友一样和孩子相处，在孩子犯错的时候，委婉地给孩子一些建议和提醒，及时地给孩子提供帮助，成为孩子最信任的人。

第五种类型：能保护孩子的父母

这类父母，能够保护孩子的安全，能对孩子进行防火、防电、防溺水等问题的安全教育；能够保护孩子的自尊心和自信心；能够保护孩子的好奇心和想象力。如果孩子在学校里被其他同学欺负了，父母能够挺身而出保护孩子，那么孩子会因此特别感激父母、信任父母。

第六种类型：能给孩子指明前进方向的父母

这类父母是孩子人生道路上的指路灯，能为孩子指明前进的方向。妈妈对孩子的影响和爸爸对孩子的影响是不一样的。妈妈和孩子谈的话题往往以生活、情感居多。爸爸和孩子谈的话题往往是理想、使命、价值观等。有丰富人生阅历的父母能在和孩子谈话的过程中给孩子指明前进的方向。

我希望每位家长都能成为让孩子喜欢的人。家庭氛围越和谐温馨，孩子越容易在成年以后组建一个幸福美满的家庭。

第二节
如何缓解孩子的焦虑情绪

很多孩子会产生焦虑情绪。我希望家长能设身处地地站在孩子的角度看待这个问题，不要总是责怪孩子，不要苛刻地对待孩子。

孩子在学习的过程中，会遇到各种困难或挫折。如果孩子的学习成绩不好、排名比较靠后，孩子往往不愿意起床上学，因为他不想面对老师的批评和同学们的嘲笑。有时，其他同学的一句嘲讽就能让孩子承受很多委屈。这个时候，如果父母不理解孩子，孩子就会感到非常艰难。即便是成绩优异的孩子，也一样会面临很多压力。家长要多理解孩子。

有时候孩子之所以不愿意告诉家长自己的考试成绩，其实是因为他自己有焦虑情绪。孩子之所以默默不语，往往是因为关闭了自己的心扉。家长如果不能走进孩子的内心，就触动不了孩子。真正的教育是一棵树摇动另一棵树，一朵云推动另一朵云，一个灵魂唤醒另一个灵魂。也就是说，家长在教育孩子的时候，一定要设身处地地站在孩子的角度上思考问题。

那些成绩不好的学生往往过得很艰难，表现得更坚强。因为这样的孩子很难得到老师的赏识，也很少让其他同学敬佩。如果再受到家长的训斥或打骂，这类孩子的处境就更加艰辛了。研究表明，这类孩子的抗压能力和生命的韧劲都较强。

我曾经帮助过很多存在学习焦虑的孩子，并告诉他们，不管学得好或者学得不好，只要努力学习，就会有收获。一些孩子在听完我说的话以后，就减少了焦虑，缓解了学习的压力。我又教给这类孩子一些好的学习方法，他们的自信心就得到了提升。如果孩子能够从容地应对各种学习的困难，那么他的学习成绩就会有进步。

第三节
家长如何控制自己的情绪

家长在教育孩子时容易发脾气，怎么办？我在这里提供一个有效控制自己情绪的方法。

家长的负面情绪是让孩子言行变坏的导火索。一些女性在结婚之前，脾气挺好的，而结婚生孩子以后，脾气就变得有些暴躁了。我先讲一个特别典型的案例。

一位家长给我发微信消息说："何老师，你知道吗？我都快被气死了，想死的心都有了。"我就问这位家长究竟发生了什么事。她说："我的女儿在读小学一年级，她总是马虎，连很多简单的题目都做错了。我真的受不了了……"说完她就给我发来孩子做错的题目照片。

我问这位家长："你的孩子有什么优点吗？"

这位家长说："我的孩子有一个优点——特别会卖东西。我开了一家小超市，孩子放学以后直接到我的小超市里写作业。在我忙不开的时候，一见到顾客进来买东西，孩子就会问顾客要买什么。在顾客付钱后，孩子还会给顾客找钱，并且不会找错。我奇怪的是孩子在做计算题时总做错，给顾客找钱时为什么不会出错呢。"

我回答："找钱和做作业能一样吗？"

我告诉这位家长要尽量控制好自己的情绪。要想控制住自己的情绪，可以按照以下三个步骤。

第一步：要了解自己发脾气的原因

家长要了解自己发脾气的原因。其实家长对孩子发脾气属于正常的无意识行为。什么叫无意识行为？是我们在潜意识中立即做出的反应。

一些父母在教育孩子的时候，只要看到不顺眼的地方，就不会克制自己，批评或指责孩子的话语往往会脱口而出。我们当中的一些人就是在这样的环境中长大的。

发脾气是一种正常的行为，家长不必为此懊恼，只要懂得控制情绪，把无意识行为变成有意识行为，就不会对孩子胡乱发火，就不会动不动指责孩子。家长首先要了解自己发脾气的原因，然后用一个简单的办法来控制自己的情绪。每当孩子做得不对的时候，家长只要做一个动作，就可以控制住自己的情绪，这个动作就是闭上嘴。

第二步：闭上嘴

家长只要把嘴巴闭上，就能把无意识的行为变成有意识的控制。如果家长在教育孩子时能够闭上嘴，大脑就会开始思考解决问题的办法。

当孩子有一些不好的行为时，如果家长不去指责、训斥孩子，这些不好的行为并不会马上发展成为坏习惯；如果家长反复指责、训斥孩子，就等于在不断地强化这些不好的行为，孩子会因此变得越来越糟糕，甚至养成坏习惯。

我去学校讲课的时候，经常跟家长讲这样一句话："缺点越说越明显，优点不说逐渐变。"

"缺点越说越明显"的意思是，如果家长每天批评孩子的缺点，时间久了，孩子的这个缺点就会越来越明显。"优点不说逐渐变"的意思是，如果家长很少赞扬孩子的优点，孩子的优点就容易消退。家长还要明白"扬长避短"的教育精髓。"扬长避短"这四个字的意思是，让孩子的优势或长项发挥出来，克服、回避缺点或不利条件。

有的孩子学习成绩不是很理想，不过字写得很工整。结果一些家长会对孩子这样说："你的学习成绩不好，字写得好也没有用。"这一盆冷水浇过去，孩子的心就变得冷冰冰的。此后，孩子虽然将字写得依旧很工整，但是自我感觉不好，自信心会消退。

如果我的孩子写字好，成绩不好，我会这样对孩子说："虽然你的学习成绩还不是很理想，但是你的字写得很棒。"这个时候，孩子的自信心就会得到增强，他会觉得自己在书写方面是有优势的。

然后我会再跟孩子说："虽然你的数学成绩不怎么好，但是你很聪明，也很会思考，只要你肯努力，就一定会学好数学的。"家长可以多鼓励孩子的优点，让孩子更加自信。孩子一旦树立了自信心，就会变得越来越好。

家长要想控制住自己的情绪，一定要坚持闭上嘴。但是，家长只做到闭上嘴还不够。有的家长告诉我，他能做到及时闭上嘴了，但是过了一段时间以后，感觉憋得很难受，因为火气并没有发出来。面对这种情况，家长应该怎么办呢？

第三步：问自己三个问题

家长在闭上嘴的时候，问自己以下三个问题：

第一个问题："我的孩子为什么会这样？"

第二个问题："这个问题的背后有什么积极的因素？"

第三个问题："假设我是孩子的朋友或同学，我会怎么对孩子说？"

如果孩子的学习成绩不理想，家长就要先闭上嘴，同时思考孩子为什么考得不好。家长在用大脑思索的时候，就会将注意力聚焦在解决问题的方法上，因而能控制住自己的不良情绪。

有句话说："成功者找方法，失败者找原因。"设想一下：孩子的同学会怎么对孩子说呢？当孩子考得不好时，孩子的同学一般不会说："你怎么这么笨？总是考不好！你怎么回事？"孩子的同学一般会这样鼓励孩子："没事，你以前的学习成绩很不错，虽然你这次没考好，但是你已经很努力了，下次我们一起努力复习，你肯定能考好。"家长要向孩子的同学学习，用鼓励的方式和孩子沟通。

我和我儿子的关系非常好，主要原因是我一直把儿子当朋友。每当遇到开心的事或不顺心的事时，我都会跟儿子讲。如果家长经常向孩子倾诉自己的喜怒哀乐，孩子就会觉得自己在家长心里有很重要的位置。时间久了，孩子就会将自己遇到的困难告诉家长。

家长如何做才能和孩子保持良好的关系呢？家长要能够控制住自

己的脾气，先闭上嘴思考一下该怎么对孩子说。家长在自己的情绪得到缓解以后，说出的话才容易让孩子听到心里去。总之，在出现问题后，家长要先控制好自己的情绪，让理性思维占领大脑，然后再处理事情。家长这样做能够有效地解决孩子的问题。

第四节
家长尽量不要打孩子

一些家长为什么会打孩子呢？那是因为这些家长觉得孩子总是不听自己的话，认为打孩子一顿，孩子就能变得听话。家长打孩子，从表面上看，好像显示出家长的权威，实际上显示出家长的无奈和无能。当家长打孩子时，家长的智商几乎是零。一些家长在狠狠地打过孩子之后，就会感到后悔。尤其是看到孩子挨打之后那可怜的眼神，有的家长就会特别难受。因为我曾经也有过这样的感受，所以印象深刻，感触颇深。

在这里，我要给大家讲述一下我打孩子的经历，分享一下我的感受。自从那次打过孩子以后，我就再也没打过我的孩子。希望我的分享能够触动一些家长，让他们不再打孩子。

一次期末考试结束以后，我儿子告诉我，老师要求家长和孩子一起去学校拿成绩单。我说："这不可能。哪有学校要求家长和孩子一起去拿成绩单的？我不去。"我儿子说："老师要求家长和孩子一起去拿成绩单。你不去，我也不去。"

我生气地对儿子说："你自己去就好了！"我一边说，一边把我儿子推到门外。当时我家住在11楼。我把我儿子推到电梯里面，对儿子说："你自己去就好了，我是不会去的。"我儿子就是不走，倔强地看着我。我一看到我儿子这样，便失去了理智，一把将我儿子推进电梯，按下去1楼的按钮，就要把电梯门关上。结果我儿子还是不走。当时我一冲动，就扇了我儿子一个耳光。我儿子的嘴角马上出血了，但是他还是说就不去。我走到电梯里踹了我儿子一脚，他还是说不去，一直说老师让家长一起去。后来我实在没办法了，对儿子说："那我就跟你一起去看看是不是老师要求家长和孩子一起去领成绩单。"

后来，我就陪儿子一起去学校了。快走到学校的时候，我发现学校门口有很多家长在往学校里走，我意识到自己错怪孩子了。当时我真的非常内疚，真想找一个地洞钻进去，实在没法面对孩子，我心里真的特别难受。

接下来发生的事对我触动更大。在所有同学都走进教室后，老师开始发成绩单了，我和其他家长一起站在教室外面，透过窗户往里看。我儿子的个头比较矮，坐在第一排，是班上的副班长。老师开始表扬儿子，给儿子发了一张"年级三好学生"的奖状。当时一个年级只有三个"年级三好学生"的名额。儿子被评为"年级三好学生"，我本来应该开心的，但是为什么我的内心非常难受呢？当时我看到我儿子一直都没有抬头。因为我打了我儿子，他的嘴角还有血迹，他的脸上还有巴掌印，他知道如果他抬起头，别人就会看出他挨打了，他没法面对同学和老师。

当时我的内心五味杂陈。从表面上看，我儿子只是流了一点儿血，但他的心灵受到了很大的创伤，他没法面对他的老师和同学。当时我就做了一个决定，就是我这一辈子再也不会打我儿子。从那次之后到现在，我再也没打过我儿子。

在教育孩子的过程当中，我流过五次眼泪。其中有一次流眼泪就是因为我打孩子。还有一次流眼泪是因为妻子骂了孩子，我觉得妻子骂错了。另外三次流眼泪是因为孩子的某些行为感动了我。家长的打骂对孩子来说有时候算不上皮肉之苦，但伤害了孩子的自尊心，有时会让孩子觉得家长不爱自己。

希望读到这篇文章的家长们都能够冷静地处理孩子的问题，尊重孩子，了解孩子，不打孩子。家长在生气的时候要尽量克制自己的情绪，不要打孩子，不要严厉地指责、辱骂孩子，不要使用过于严厉的语言，不能伤害孩子的自尊心。

第五节
孩子不愿意跟家长说话，怎么办

随着年龄的增长，一些孩子往往不太愿意和家长说心里话，和家长说的话越来越少了。家长该怎么做才能让孩子愿意说出心里话呢？

如果亲子关系不好，亲子关系破裂，甚至出现亲子对抗，父母就无法和孩子进行顺畅的亲子沟通，就难以开展家庭教育。因为沟通是教育的桥梁。

有两个标准可以衡量家长和孩子的亲子关系。第一个标准是：孩子在外面受了委屈或者遇到了不公平的事，回到家里是否愿意和家长倾诉？第二个标准是：孩子是否愿意主动告诉家长自己喜欢哪个异性同学？孩子如果愿意向家长倾诉，就说明他把家长当成了自己的朋友。

如果孩子愿意和家长倾诉，就说明亲子沟通是顺畅的。即便孩子某一学科的成绩不够理想，在适当的学习方法和家长的正确引导下，孩子的学习成绩也能很快地得到提升。

为了让孩子愿意和家长说说心里话，家长可以按照以下三点去做。

第一，家长多跟孩子说说心里话

家长要把孩子当成朋友，平时多和孩子说说自己的喜怒哀乐，不一定只和孩子说一些生活方面的事情，还可以说一些工作方面的事情。我就经常和孩子说一些工作或生活方面的事。家长要经常和孩子聊天，争取成为孩子的朋友。

亲子沟通是双向的，要有问有答。有些家长问："我经常和孩子说话，但是孩子就是不回应我，怎么办？"我问："你和孩子说的是什么？"家长说："我问孩子有没有写完作业，考试考得怎么样。"我对这位家长说："你对孩子说的话只是你关心的话题，不是孩子想谈的话题，孩子当然不会有回应你的兴趣。"

从孩子小的时候开始，我就有和孩子讲心里话的习惯。记得儿子上幼儿园的时候，我去外地做一个星期的讲座，连续做了十几场讲座后患上了感冒，嗓子都变哑了，极其不舒服。我当时打电话对儿子说："儿子，你听，爸爸的嗓子哑了，讲课的时候很吃力。"儿子对我说："爸爸，你嗓子不舒服，就不要再讲课了，休息一下，多喝水。"我说："不行的，那些学校都组织好了，有几百个家长在等我，我不去不行。"儿子说："哦，那是需要去的。"当时我儿子在上幼儿园大班，我对这件事印象深刻。

我经常和孩子说一些我的工作经历，这会让孩子觉得他在我心里有很重要的位置，也会让孩子慢慢地学会跟我讲心里话。教育就是一个潜移默化的过程。

第二，多和孩子谈他感兴趣的事物或擅长的学科

家长要想让孩子愿意和自己说心里话，就多和孩子谈他感兴趣的事物或擅长的学科。

在和孩子聊天时，家长不要只顾自己说，要多说一些孩子感兴趣的话题，多满足孩子的情感需要，尽量站在孩子的立场上考虑问题。

很多男生喜欢打篮球。我儿子也喜欢打篮球，或许是因为受了我的影响。我平时喜欢看篮球比赛，经常跟儿子谈科比、姚明等。谈得多了，儿子就慢慢喜欢上了打篮球，开始学习运球、投篮。篮球是我和儿子共同感兴趣的话题。我和儿子总是有很多话题可以聊。

有的家长曾经这样问我："不能光和孩子聊兴趣爱好吧。该怎样和孩子聊学科学习呢？"其实家长可以先从孩子擅长的学科说起，然后再说需要改进的学科。但是一些家长在和孩子谈学科学习的时候，总是先谈孩子学得不好的学科。

如果孩子的数学成绩不太好，一些家长就总和孩子讨论数学："你是怎么回事啊？为什么你总是考不好数学呢？我跟你说过多少次了，要在数学上多花点儿时间。"如果家长这样说，孩子就容易听不进去。

要想让孩子听得进去，我的建议是多谈孩子感兴趣的学科。我儿子的语文成绩特别好，还是语文课代表。我经常和儿子讨论语文，夸

儿子的语文考得很不错。儿子听了以后很高兴，感到很自豪。家长一定要先和孩子聊他喜欢的学科，因为这样做会让孩子愿意听家长说话，愿意向家长敞开心门。

接着，家长可以和孩子聊聊其他考得不错的学科。家长可以这样对孩子说："孩子，你的英语和语文都考得挺好的，这说明你很聪明，只是数学相对比较弱一些。"孩子一般会说："是的，我的数学就是弱一些。"孩子这个时候的态度和以往的态度相比就可能会发生转变。以往不愿意听家长说话的孩子，或许这次就能和家长沟通学习困难的问题了。

家长可以继续问孩子："你觉得自己数学没考好的原因是什么呢？"孩子一般会向家长说出原因，并分析哪些知识点掌握得不好。家长可以根据孩子说的原因来帮助孩子，并告诉孩子解决问题的好方法。孩子会因为家长愿意听自己说话而激发学习的动力。

有的家长一看到孩子学习成绩不好，就劈头盖脸地骂孩子。其实家长无论怎么骂孩子，都无法解决问题。家长在和孩子聊天时，尽量别总是指责孩子考得不好，可以说说自己小时候成绩不好的原因，并告诉孩子当时的自己是怎么解决的，把自己的亲身经历和心得体会告诉孩子。

建议一些学历高的家长，不要总是拿孩子和自己比，别总说自己当年做题又快又正确，批评孩子做题又慢又总错，否则孩子就会越来越自卑，产生挫败感。

第三，多听少说

第三种办法是家长少说话，多听孩子说，多问孩子，多让孩子用语言表达，做孩子的听众。如果家长能认真倾听孩子说话，孩子就会有一种被重视的感觉，愿意敞开心扉，和家长说说心里话。

第六节
家长如何与老师沟通

家长与老师积极有效的沟通，能够让家长知道孩子在学校的表现，能够让老师增进对孩子的了解，能够增加家长与老师之间的信任感，以便家校更好的配合，做好孩子的教育工作。

作为家长，不能因为孩子进了学校就觉得万事大吉了。无论孩子是在上幼儿园、小学，还是上中学，每个家长都要善于与老师沟通，一起协作培养出一个优秀的孩子。

有的家长认为，想跟老师搞好关系，就请老师吃饭或者给老师送礼，让老师多关注自己的孩子。事实上这是一个错误的想法，因为家长这样做只会让老师为难。对老师来说，你能很好地尊重他、理解他、配合他，多与他沟通，多听听他的意见，他就会很知足，也会自然而然地关注你的孩子。

每当教师节的时候，一些家长就会问我：要给老师送点儿什么小礼物来表达自己对老师的感激之情呢？其实家长从内心里尊重老师、理解老师、配合老师，比给老师买什么礼物都要好。老师需要的是家长的尊重。

有的家长问我："你有什么办法让老师喜欢我的孩子吗？"我的答案是："只要你有办法引导你的孩子喜欢老师，老师就会自然而然地喜欢你的孩子。"这个规律可以在现实生活中得到充分的验证。

家长如何与老师进行良好的沟通呢？请参考以下建议：

一、不要抱怨老师，不要在孩子面前说老师的坏话

抱怨他人只会让问题变得更糟糕。当我们抱怨一个人的时候，那个人必然也会反感我们。就像别人抱怨我们的时候一样，我们也不会真的喜欢他。当你抱怨老师的时候，你的孩子也会受到影响，他会跟着你一起说老师的不好，讨厌老师。一旦孩子与老师对立，孩子就会听不进老师的话，对于这个老师教的某个学科，十有八九也学不好。古语说："亲其师，信其道。"学生只有尊敬和爱戴老师，才能学好知识。

老师是人，人的能力是有限的。你不能要求所有的老师都是超人。圣人孔子还有自己不喜欢的学生呢，更何况老师是跟家长一样的普通人，他有喜怒哀乐，也有犯错误的时候。不管老师做得对不对，家长都应该尽可能地去理解和接受老师，并引导孩子理解和欣赏老师。

我认为：在这个世界上，除了父母以外，最希望孩子学习好的人，就是老师。老师的职称、工资、福利待遇和人生成就等，都与他所教的学生有关。没有一个老师不希望自己的学生变得更出色。

二、不要企图改变老师的行为

不能要求老师用跟家长一样的心态和行为来呵护孩子。家长面对的只是自己的孩子，而老师面对的是几十个孩子。老师们的教学水平各有差异。家长也不能要求学校派最好的老师来教孩子。老师的教学水平需要逐渐提高。家长学会接受和理解老师会比企图改变老师更有意义。

家长对老师有意见，友善沟通是解决问题的好办法。家长利用社会关系来要挟老师或给老师施压是不明智的行为。

三、要勤与老师保持经常性的沟通

有的家长跟老师的沟通只限一个学期一两次的家长会，这是远远不够的。在家长会上，几十个家长都在，你一句，我一句，左一句，右一句，每个家长都轮不到与班主任讲两句话，沟通的效果不佳。

平时，家长要有与老师沟通交流的习惯，一个月交流一次比较合适。孩子问题比较多的家长，可与老师保持一两周交流一次的习惯。

作为家长的你多与老师沟通的好处有：第一个好处是老师对你的印象会加深，对你的印象越深，越会自然地注意你的孩子；第二个好处是交流的次数越多，家长越能从老师那里知道孩子在校的情况（如成绩下滑、不专心听讲、早恋等），能及时发现问题和解决问题。

孩子难教不可怕，可怕的是家长不知道孩子有问题。家长多与老师交流，有助于教育孩子。有的家长不仅不与老师沟诵，还把教育孩子的责任都推给学校，有时连一学期一次的家长会都不参加。不管家长的工作有多忙，孩子的教育也不能耽误。

四、沟通的态度要诚恳而谦恭

不管我们的社会地位是否比老师高，都要让老师感觉到我们对他工作的尊重和认可。老师的一句话、一个眼神、一个动作，都有可能影响孩子的一生。我们没有什么理由不尊师重教。下面我给大家讲一个小故事：

作为"汉初三杰"之一的张良，在年轻的时候，有一次经过一座桥，他遇见了一个老人。老人故意把自己的鞋甩到桥下，看着张良说："小子，去把我的鞋捡回来！"张良一看是一位老人，便强忍怒气，跑到桥下把鞋捡回来递给老人。老人不接鞋，却伸着脚让张良给穿上。张良就恭恭敬敬地给老人穿上鞋。老人笑着说："你小子可教呀！五天后的拂晓时你还到这儿来，我教给你点儿东西。"

五天后，天不亮张良就赶到桥上，见老人已坐在那里，老人训斥道："你跟我学东西却比我还来得晚，五天后再来吧！"

五天后，张良又比老人晚到，被老人训斥了一番，老人要求张良五天后早点到。

五天后，张良半夜就出门了，终于比老人先来到桥上。

这次老人送给张良一部书，并说："你读完这部书就能给王侯当老师了。十年以后，你便要兴旺发达了。"张良回去后认真钻研这部书，最终辅佐汉高祖刘邦统一了天下。老人给张良的那部书被后人称为《太公兵法》。

张良因为谦恭的态度而获得了老师慷慨的馈赠，成就了一番事业。我们也应该有张良的眼光和气度。虽然我是一位教育工作者，也常为学校的老师上课，但孩子在学校，我就是一位家长。每次见到孩子的老师，我总是热情、诚恳地与老师打招呼，以谦恭的态度和老师交流。

五、和老师沟通的方式与技巧

技巧不是谋略，而是真心诚意，人心换人心。你对老师诚心，心里有老师，老师自然会关心你的孩子。除了当面与老师沟通的方式以外，还可以采取发信息或者打电话的沟通方式。

1. 发信息

在遇到重要的节假日时，家长不要忘记给老师发祝福信息。家长也可以给老师发信息询问孩子最近的学习情况，并发一些真心感谢老师的信息。即便短短几十个字的信息，也要让老师感受到你的真诚和善解人意，让老师对你的孩子产生更深的印象。让人倍感亲切的文字，容易拉近家长和老师的感情。

2. 打电话

打电话是家长和老师沟通交流的好方式，简单直接，占用时间短，解决问题快。给老师打电话需要注意以下三个事项：

一是打电话前先发信息问一下老师什么时候有时间接电话，提前预约，这样不至于打扰老师的工作和生活。

二要注意打电话的时间。家长最好在晚上给老师打电话。因为老师白天上课会比较忙，晚上心情会放松一些。家长和老师打电话的时间不要太长，一般 3 ~ 8 分钟为宜。接通电话后，你要跟老师说明你有什么事，大概需要多少分钟，问老师是否方便，语气要尽量客气。不要一接通电话，你就讲个没完，让老师插不上话。

三要做好老师说话的语气不好的准备。有时我们打电话，正赶上老师的状态不好，说话的语气不好，这时应该告诉老师下次再打电话请教他，及时挂断电话。老师平时的工作压力比较大，也有喜怒哀乐，偶尔情绪不好也属正常。作为学生家长应该多理解老师。

电话沟通的次数不宜频繁。如果家长三天两头地给老师打电话说同样的问题，时间久了，老师也会烦。家长要把握好电话沟通的内容和时间。

有的家长由于孩子表现不好，给老师带来了比较多的麻烦，因此不敢给老师打电话，甚至不敢面对老师，这大可不必。只要家长态度好、诚恳，又通情达理，老师就愿意与家长打交道。

六、家长要与孩子的各科老师沟通

能够影响、改变孩子的老师绝对不仅仅是班主任，也可能是体育老师、音乐老师或英语老师等。任何一个老师的一句话，都有可能影响孩子的一生。因此，我们沟通的对象不能仅限于班主任，还要跟孩子的各科老师经常沟通联系。

家长只跟班主任沟通，就只能获悉班主任对孩子的评价。家长跟多个老师沟通，就会获得多个人对孩子的评价，进而全方位地了解孩子在学校的学习情况。随着家长与老师沟通次数的增加，孩子受到的关注度也会提高。很多孩子听不进去家长的话，却能听进去老师的话。

一般来说，孩子喜欢两种老师：一种是副科老师，比如体育老师、美术老师、音乐老师等，因为副科老师对孩子没有学习上的要求；另一种是孩子学习成绩比较好的那门课的老师。孩子喜欢学校里的哪个老师，哪个老师就是家长沟通的主要对象。家长要尽可能多地与这位老师沟通，因为这位老师或许能影响孩子的一生。

我与孩子的各科老师沟通时，一般不会先找班主任沟通，而是先找孩子最擅长的那门课的老师沟通。

一般情况下，家长跟孩子不擅长的那门课老师沟通得多一些。如果孩子的英语没考好，家长就会找英语老师沟通。而我认为家长这样做并不好，因为孩子的英语没考好，家长的心里就像窝了一团火。当家长找英语老师沟通时，英语老师大多会说一些孩子表现不好的语言，比如"你家孩子上课不听讲、经常打瞌睡、单词过不了关"等等。虽然英语老师讲的这些话都是事实，但是家长听到孩子有这么多的不足，内心会更窝火。这时孩子就成了家长发泄怒气的对象。原本紧张的亲子关系又会增加隔阂。

如果是我遇到类似的情况，我不会先去找英语老师，我会先去找数学老师，因为我孩子的数学成绩好，数学老师一见到我就很高兴，总是笑脸对我，那种温暖之情会把我心里的火气卸掉一大半儿。孩子的语文也考得不错。找了数学老师之后，我再去找语文老师说说话。"这次考试你儿子考得不错，尤其是作文，满分40分，他拿了38分的高分。"语文老师又是一番表扬我儿子的话。我又消了一些火气，心里美滋滋的。我最后去找英语老师谈谈，就能心平气和地接受英语老师对孩子的评价，也能虚心接受英语老师给的建议。在面对孩子时，我就能理性地与孩子沟通。

先跟谁沟通，再与谁沟通，先后顺序不同，沟通的效果也会不同。

教育的机会在有心人的手里，教育的智慧在善于"悟"的家长心里。